何望若 何苗苗 吴雨杏 著

CITY WALK

在这些城市随便走走

中国地图出版社 北京

图书在版编目（CIP）数据

CITYWALK 在这些城市随便走走 / 何望若, 何苗苗, 吴雨杏著. -- 北京：中国地图出版社, 2025.1.
ISBN 978-7-5204-4530-6

Ⅰ.K928.9

中国国家版本馆 CIP 数据核字第 2024W52C16 号

CITYWALK 在这些城市随便走走
CITYWALK ZAI ZHEXIE CHENGSHI
SUIBIAN ZOUZOU

出版发行	中国地图出版社
社　　址	北京市西城区白纸坊西街3号
邮政编码	100054
网　　址	www.sinomaps.com
印　　刷	北京华联印刷有限公司
成品规格	169mm×222mm
印　　张	11.75
版　　次	2025年1月第1版
印　　次	2025年1月北京第1次印刷
定　　价	88.00元
书　　号	ISBN 978-7-5204-4530-6
审 图 号	GS京(2024)1985号

咨询电话　010-83493937（编辑）
　　　　　010-83543933（印装）

目录

前言 4

幕后 188

北京·正阳门外大乾坤 8
北京·什刹海漫步 14
天津·百年风云路 20
太原·太原府城访古 26
西安·城墙里的旧时光 32
哈尔滨·不止"东方莫斯科" 38

上海·从外滩到苏州河 48
上海·时下"魔都"的流量担当 54
南京·沿秦淮河游老城南 60
苏州·感受"姑苏"的韵味 66
苏州·新旧雅皮之风 72
扬州·绿杨城郭慢生活 78
绍兴·沿着绍兴的河道走 84
绍兴·"三千台门"故事多 90
泉州·在信仰之城与众神相遇 96

青岛·街巷里的欧洲魅影 106
武汉·大武汉的万象江湖 112
广州·广州上下两千年 118
广州·走读百年西关 124

桂林·山水画中行 134
成都·从锦官城西到少城 140
成都·在CBD叩问历史 146
昆明·钻入时光缝隙里 152
拉萨·慢行日光之城 158

香港·多面中环 168
香港·行走"油尖旺" 174
澳门·跟随世界遗产的脚步 180

图 例

- 城市亮点
- 其他景点与餐饮
- 地铁站
- 步行线路
- 特别行政区界
- 城墙
- 街道
- 桥
- 河流、湖泊

前言

Citywalk
走读一座城市

走路是我们最早学会的探索世界的方式，每个人从蹒跚学步起，便开始了独自探索世界的旅程，生命不止，行走不歇。citywalk翻译过来就是城市漫游，它不是什么新名词，就是北方人口中的"遛弯儿"，是老年人的饭后百步走，是年轻人拎着购物袋或手捧奶茶的轧马路。人人善走，任何人生来都是城市的walker。

但又不同于一般的走路，citywalk是在用脚步丈量城市，重点不是从一个点赶到另一个点，不是为了占领"微信运动"步数排行榜之首，也绝非漫无目的。它关注点与点之间的风景、风物，它步调从容，深入细节。它需要用眼睛看、用耳朵听、用身体接触，动用全部感官与城市发生关系。说到底，我们是用行走的方式，探索一座城市，走入城市的肌理，感受千城千面。

citywalk或有路线，但不会千篇一律，每个人的视角不同，捕捉到的讯息也不一样。有人看到了头顶的梧桐叶和翻墙而出的三角梅，有人注意到了早餐店里氤氲的烟火气，有人投入午夜魔幻，有人热衷在旧书店里淘宝，有人循着屋檐下的旧砖揭开一段尘封往事……正是这一点一点的碎片，拼凑出了城市完整的模样。

我们也都有过这样的体会：儿时生活的地界大变样了，放学回家的那条马路已归零……上海"南市"被拆前，一群早已搬离的"南市遗民"纷纷回到这里，再看一眼童年玩耍的弄堂，用相机留住既已退出自己的生活，也将消失于城市的"家"。边追忆过去边奔赴未来是我们的生活常态，城市在不断更新，行走就是最简单的田野调查，通过走路记录，是人人都可以从事的人类学研究。

什么样的城市或街区才算citywalk友好？首先它得有代表城市的独特胎记，比如北京的胡同、上海的弄堂、武汉的里份、广州的骑楼。重要的是，它要适合步行，能走走停停，最好马路别太宽、楼别太高，沿途枝叶扶疏，街头容得下市井，也玩得了创意，比如上海有64条永不拓宽的马路，分布着几千家咖啡馆，随时可以坐下歇一歇，闲看路人。此外，除了感受城市的生活气息，也要能触及它的中枢神经：在历史叠压下的西安古城，你能体验"上一秒长安、下一秒西安"的穿越；跟着"活在过去"的泉州人，坐在宋代的建筑里聆听唐代的古乐；在四季如春、四季常绿的昆明，透过一栋栋建筑阅读半部民国史；在德式的青岛和俄式的哈尔滨，领略"破次元"的空间交错感。理想的步行沿途应三步一风景，但又不尽是买票参观的景点：靠腿就能环岛的澳门，集中了30处世界遗产保护点，大都免费；而在河街并行的苏州和绍兴，一座座古桥就是江南水乡最好的注解，踏着凹凸不平的石板路，身边只有电瓶车凹凸不平地驶过，根本没机会吸汽车尾气，这样的行走最惬意。

为了方便你快速解锁一座城市，我们遴选了20座最适宜步行探索的城市，设计了27条路线。但你不必被路线牵着鼻子走，大可以扔掉导航，遇见红灯就转弯，随机开盲盒，钻入城市缝隙，去发现少有人留意的精彩角落。

每一场漫步都是你与一座城市的独家关联。

有人看到了头顶的梧桐叶和翻墙而出的三角梅，
有人注意到了早餐店里氤氲的烟火气，
有人循着屋檐下的旧砖揭开一段尘封往事……
正是这一点一点的碎片，拼凑出了城市完整的模样。

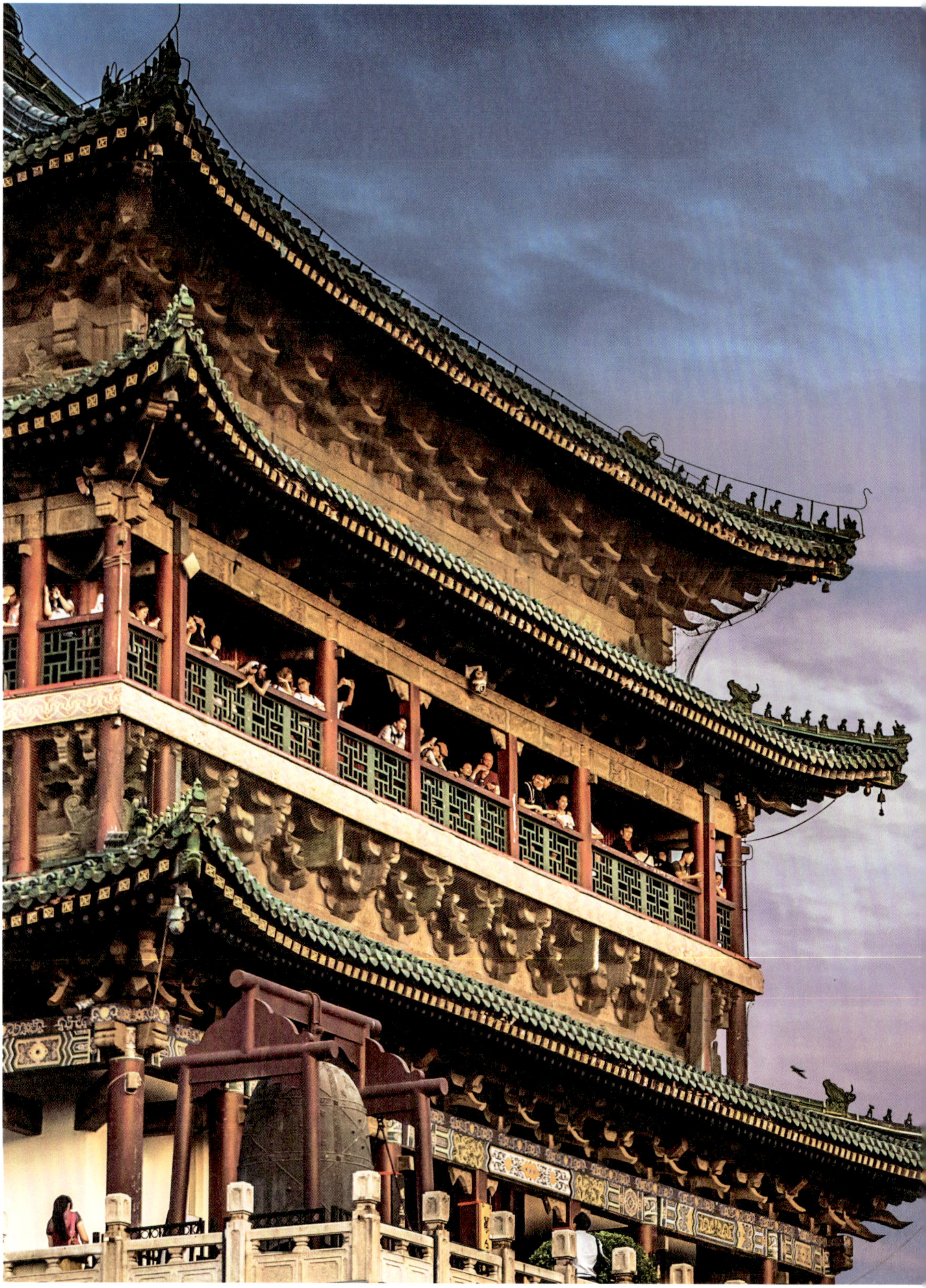

北京·正阳门外大乾坤	8
北京·什刹海漫步	14
天津·百年风云路	20
太原·太原府城访古	26
西安·城墙里的旧时光	32
哈尔滨·不止"东方莫斯科"	38

霞光中的西安钟鼓楼。

北京

正阳门外大乾坤

"东富西贵、南贱北贫",老北京口中的南城为什么听上去"矮了半截"？明清时期的南城,曾是皇城人眼中"三教九流、五行八作"的聚集地,可这儿的日子却是风生水起——经营有道的商人创造出流传百年的老字号,赴京赶考的举子繁荣了琉璃厂和会馆文化,各路进京的戏班子孕育出京剧等灿烂的戏曲艺术,艺高胆大的卖艺人和小贩则在天桥营生发家——这些丰富而鲜活的故事和遗存又以从正阳门到虎坊桥一带最为集中。想了解数百年间的"北漂"生活,看看"放下身段"的北京？来这里就对了！

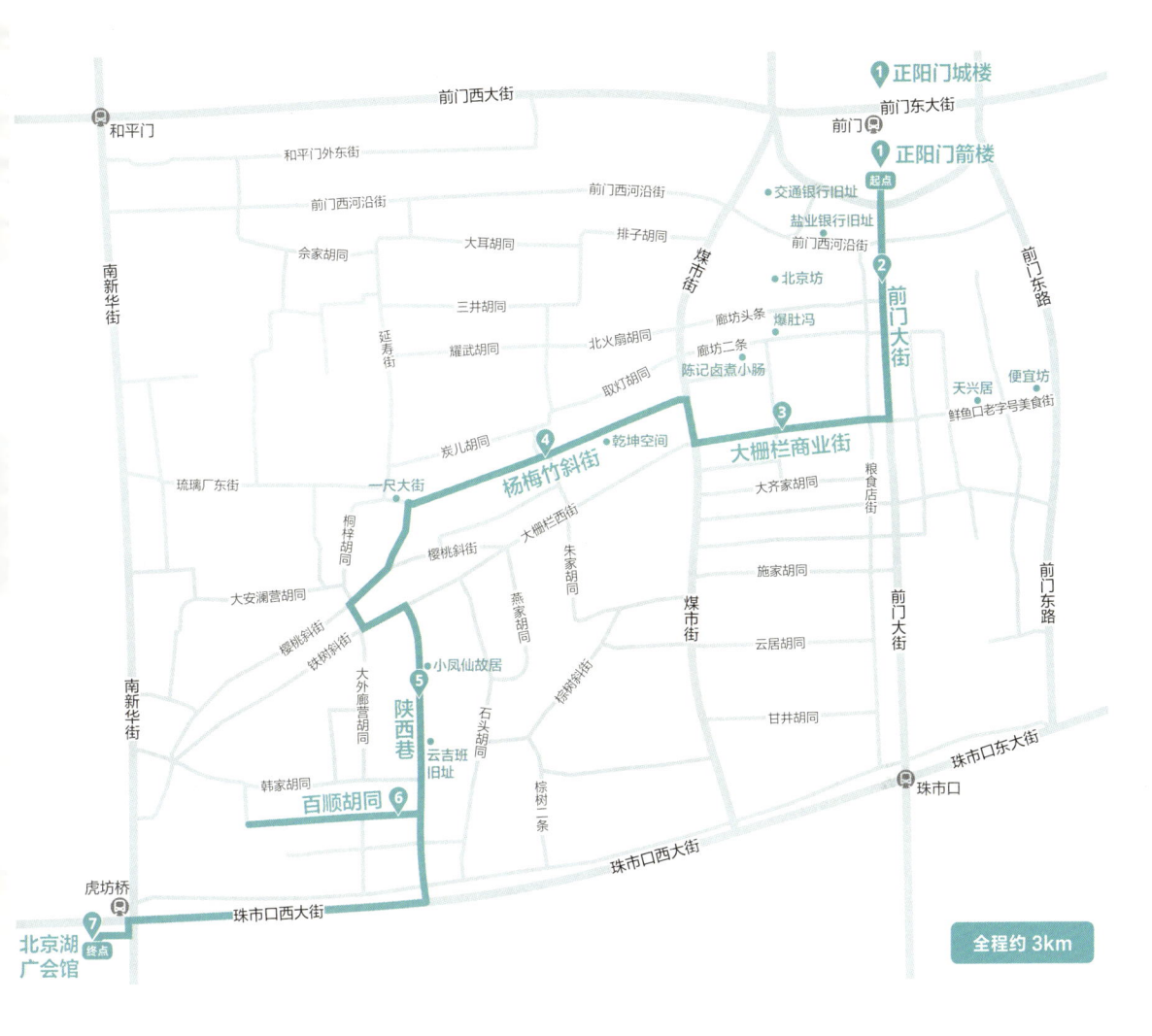

从 ❶ **正阳门** 出发，在北京坊探索一番后进入 ❷ **前门大街**。虽说仿古修新的商业步行街免不了俗套，但对匆忙的旅行者来说，想看看从前专为达官显贵服务的老字号，尝尝慈禧、乾隆爱吃的老馆子，全中国独此一处。你可以步行个来回，然后进入老字号扎堆的 ❸ **大栅栏商业街**。

如果说在大栅栏感受的是老北京的顶级时尚，接下来的 ❹ **杨梅竹斜街** 则是"京城文艺范儿"的代表。略经装点的胡同仍保存着烟火气，隔三五步还有个性十足的宝藏小店等你探索，若是喜欢拍拍，在这儿逛上一两个小时也不足为奇。杨梅竹斜街的尽头是仅25米长的一尺大街，也是北京最短的胡同。

从杨梅竹斜街西口往南，绕几步，就进入京城曾经的"红灯区"——八大胡同，接下来的 ❺ **陕西巷** 和 ❻ **百顺胡同** 留下了大量的故居、戏班和妓院旧址以及令人回味的故事。虽然大部分建筑现为民宅大院，无法入内参观，但可以从其外观和细节一窥过往。

肩负"驻京办"使命的各地会馆同样是南城文化的重要一笔。从清朝中期起，一些进京演出的地方戏曲班子在会馆驻足，随后会馆内也搭台唱戏，供百姓娱乐。最后一站的 ❼ **北京湖广会馆** 是北京为数不多的保存着戏楼且还有演出的会馆，有200年历史的老戏楼令人震撼。

❶ 正阳门

正阳门位于天安门广场南缘，因矗立于紫禁城正前（南）方而得名"前门"，其城楼与箭楼分隔了熙熙攘攘的前门东西大街。北边的正阳门城楼是古都中轴线的龙头，也是如今"中国公路零公里点"的所在。南边的正阳门箭楼则是北京人口中的"前门楼子"，箭楼下的城门洞从前只能走龙车凤辇，现在你可以从那儿溜达去往前门大街。

拍摄点

对象：正阳门箭楼和城楼
机位：Page One书店二层和三层
最佳时间：下午光线较好

❷ 前门大街

这可不是一条普通的商业步行街：大街正中用青白条石铺成的是皇帝前往天坛祭天、先农坛演耕的"御道"。因为就在皇帝家门口，这里不少商户都为皇家成员服务过，包括乾隆赐名的都一处烧卖和售卖慈禧爱吃的酱羊肉的月盛斋。全聚德、天福号、大北照相馆等也是重返前门的老字号。如果想来点时尚的，紧挨前门大街的北京坊可谓潮流新地标，别错过"最美书店"PAGEONE和Café & Meal MUJI，前者有拍摄正阳门箭楼的绝佳机位，后者4楼的大平台观景效果无敌。与北京坊隔街相望，绛红色的盐业银行旧址和中西风格混搭的交通银行旧址值得建筑爱好者驻足观赏。

NOTES

笔直的前门大街全长近1公里，想省点脚力也可以乘仿古铛铛车游览。

正阳门外大乾坤

❸ 大栅栏商业街

老北京俗话说:"看玩意儿上天桥,买东西到大栅栏(音:大石烂儿)。"前门大街旁的数十条胡同,数这儿最风光,"头顶马聚源(帽)、脚踩内联升(手工布鞋)、身穿瑞蚨祥(丝绸)、腰缠四大恒(钱庄)"是从前达官显贵的顶级配置,今天你依然可以到这些店铺来个"国货高定"。皇帝的药房同仁堂,百姓喜欢的六必居酱菜、张一元茶庄、稻香村糕点等亦汇集于此。

大栅栏还有广德楼和三庆园两家德云社剧场,走累了可以坐下听场相声。虽说上台的大多是后辈演员,但喜剧效果不打折扣。广德楼是北京现存最古老的戏园之一,也是郭德纲走红前的演出场所。

城市探味

廊房二条

北京传统小吃大多起源于南城,如果不介意"不干不净"的环境,廊房二条有两家馆子很地道。一是吃卤煮火烧的陈记卤煮小肠,卤煮火烧就是把面饼、炸豆腐和炖好的猪下水一起煮,浇上卤汁、蒜汁和香菜等辅料一起吃。二是吃爆肚的爆肚冯,爆肚是清真名小吃,把鲜牛肚或鲜羊肚洗净切条,再用沸水烫熟,蘸芝麻酱等配料吃即可。

鲜鱼口老字号美食街

这条美食街上几乎每间铺子都打着"老北京"的招牌,但这并不全是噱头,里面确实藏着地道风味,比如有600多年历史的便宜坊(焖炉烤鸭)、天兴居(炒肝)等,虽然不一定符合每个人的喜好,但味道一定是最正宗的,就餐环境也比廊房二条的小馆子上了一个档次。

城市杂谈

风起云涌的八大胡同

八大胡同的"八"实际是个虚数,它是大栅栏西南到珠市口之间的十余条烟花巷的统称。八大胡同虽然从清朝中期就始见雏形,但清末民初才是它们的鼎盛时期。清朝末年,这片区域有"经营资格证"的风月场所就有300多家,其中还有"南班""北班"和等级之分,比如陕西巷和西边的胭脂胡同、百顺胡同主要为南班经营的"清吟小班",环境清雅,里面多是色艺俱佳的江南女子,可以陪着客人吟诗作对、吹拉弹唱,光顾者也多为文人雅客或达官显贵,而陕西巷以东的朱家胡同、燕家胡同等处,环境和条件就都略逊几筹了。

到了民国初期,一些才貌双全的青楼女子成为官场上的"交际花",八大胡同因此成为涉及政治的社交场所,也成了民国政客们尔虞我诈、钩心斗角的名利场。袁世凯复辟帝制、军阀曹锟贿选国会议员等大事件无不与八大胡同有所关联,蔡锷和小凤仙也是在这里结识的。直到北平解放,八大胡同才恢复平静,原先的妓院、浴池、戏楼旧址至今仍保留着带名号的牌楼,但里面大多变成普通百姓的大杂院了。

❹
杨梅竹斜街

在杨梅竹斜街,画风来了个180°大转变。民国时期,这里是书局一条街,如今长约500米的胡同里聚集了充满"京味文青范儿"的设计小店、职人手作店、纪念品商店和旧书店,其中26号的乾坤空间如同一个小型市场,摆满了琳琅满目的京味儿手作、摆件、书画明信片等各类小物件,还有不少文创纪念章可以盖。虽然杨梅竹已跻身"网红"行列,但胡同本身保留了朴实的面貌,也没有南锣鼓巷的汹涌人潮,非常适合街拍。

当然,这里不乏会馆和书局旧址、名人旧宅,也不乏"老文青"的足迹。25号是乾隆赐给东阁大学士梁诗正的宅院;初到北京的沈从文在61号(曾经是西西会馆)里写出了《边城》;上到39号Soloist独奏公司的露台,对面的青云阁曾是鲁迅常去喝茶的地方。

❺ 陕西巷

作为"八大胡同"的核心地区，清朝的陕西巷是头等清吟小班的集聚地。陕西巷22号的小凤仙故居曾是上林仙馆的所在地，清末名妓小凤仙和赛金花都曾在此挂牌。52号的云吉班旧址则是小凤仙当年出道的地方。"四大徽班"进京时，四喜班最早也住在这条巷子中。

❻ 百顺胡同

"人不辞路，虎不辞山，唱戏的不离百顺韩家潭"，说的就是陕西巷南边的韩家胡同和百顺胡同。百顺胡同两端立着梨园主题的雕塑，说这里是京剧发源地也不为过——20世纪初，梅兰芳、杨小楼和徐宝芬都曾居住于此。"四大徽班"中，百顺胡同36号住着京剧界的"大老板"程长庚和他的三庆班，40号最西头是武生名角俞菊笙的故居和他的春台班，一些京剧名角的旧居散落其中。而巷口49号的鑫凤院和18号的松竹馆都是清末的高档妓院。

❼ 北京湖广会馆

这座文人雅苑在清朝就是名流学士的宴饮之地，现在则是北京戏曲博物馆。作为曾经叱咤京城的四大戏楼之一，这里见证了梅兰芳、谭鑫培等京剧大师登台演出。你不仅能在展馆中了解京剧的发展史，看到有趣老物件，还能参观有200多年历史的气派老戏楼。湖广会馆还有一个历史身份——1912年，孙中山在此参加了国民党成立大会。

> **NOTES**
>
> 湖广会馆如今仍有相声、评书、戏曲或经典的京剧演出，可关注同名公众号了解。

北京

北京

什刹海漫步

　　紫禁城北边，钟鼓楼脚下，这片碧波粼粼、杨柳拂岸的水面从古至今都备受青睐。它因水边曾有"九庵一庙"，共为十刹，而得名什刹海，又因水域连通故宫的"龙脉"，引得王公贵族纷纷来此建府造园。今天的什刹海，夏可泛舟赏荷，冬可滑冰玩雪。周边交错的胡同中，皇亲国戚的王府、近代名人的故宅、走街串巷的人力三轮车，以及烟火气十足的民居和小馆，绘成了一幅活色生香的老北京生活画卷。夜幕降临的什刹海声色俱佳，那是坐下喝一杯的好时候。"走在地安门外，没有人不动真情"，大概就是这般。

全程约 4km

路线始于老北京的地标之一 ① **钟楼和鼓楼**，不妨先登楼了解这两座历史建筑的前世今生，远眺北京中轴线，再从地安门外大街进入 ② **烟袋斜街**，逛着逛着就来到什刹海边。什刹海分为前海、后海和西海，眼前的 ③ **银锭桥**是什刹海最热闹的地方，也是前海和后海的分界线。

什刹海边纵横交错的胡同里藏着无数府院、寺庙和名人故居，虽然大部分古建已另作他用无法参观，但仍有几处重量级的府第被辟为景区对外开放。

从银锭桥向西进入 ④ **后海北沿**，在一系列旧址中走到尽头，你可以通过宋庆龄同志故居一窥曾经醇亲王府花园的气派。往南转入后海西沿，可将湖畔的仿古楼阁望海楼与北京第一高楼"中国尊"同时纳入取景框，这里也是傍晚看夕阳的好地方。

接着离开后海沿岸，经羊房胡同、柳荫街抵达 ⑤ **恭王府博物馆**，这座浓缩了"半部清代史"的王府值得你花上一两个小时细细品味。隔前海西街相望的就是闹中取静的 ⑥ **郭沫若故居**。最后沿前海北沿转入 ⑦ **荷花市场**，一路往南，结束游览。

若能放慢脚步，在什刹海闲逛足以花去你大半天的时间。湖岸上的风光四季皆有特点，随手一拍都是大片。天气温暖时，你可以从游船码头租一条小船，泛舟湖上，若是数九寒天，租冰鞋或冰车放飞自我，带来满满的欢乐体验。玩累了，还可以乘人力三轮车来趟"胡同游"，在吆喝和车铃声中听听蹬车师傅口中的历史趣闻。

15

◨ 城市杂谈

京城中心的几片海

明明是几处不大的湖泊,为什么被称为"海"?据说这称呼源自生活在广袤草原中的北方游牧民族,他们对大面积的水域比较稀罕,便用"海"来表达欣喜钟爱之情。不过在北京名气大的几片"海"中,除了以后海为代表的"什刹海三海"(又称"后三海"),南边还有三片海你一定也不陌生,那就是由北海、中海和南海组成的"西苑三海"(又称"前三海")。

西苑三海成形于金代,曾是金代中都北边的一处离宫。后来北海和中海在元代得到扩建,成为皇城核心,明代又扩充了南海。只因三者都被圈在了宫内的西苑,数百年间一直作为"宫苑禁地",将普通人隔在了墙外。

民国时期的西苑三海一度作为公园对外开放,中华人民共和国成立后,中海和南海因成为中共中央和国务院的所在地而再次"与世隔绝"。曾经的皇家宫苑——北海公园依旧对公众敞开怀抱,而且它与本条线路的终点——荷花市场南门仅一路之隔,若时间合适不妨继续前往游览,投身于《让我们荡起双桨》所唱的"海面倒映着美丽的白塔,四周环绕着绿树红墙"的经典风光。

❶ 钟楼和鼓楼

(钟鼓楼通票30元;9:30—17:30)如果你看过北平老照片,就不会对钟鼓楼感到陌生。位于北京城中轴线北端的钟楼和鼓楼曾是元、明、清三代的司时和报时中心。两者始建于1272年,经过历代重修,如今留存的均为清代版本。

虽然"晨钟暮鼓"已成为过去,但古物还在。钟楼内悬挂的铸于1420年的巨型铜钟重约63吨,据说是中国发现的最重的铜钟。鼓楼内则有关于古代计时仪器的展览,以及击鼓、撞钟等数字化互动装置体验。当然,四面的绝佳视野也是你到访的理由之一。

❷ 烟袋斜街

　　北京内城的街道大多横平竖直，但烟袋斜街却在地图上画出一条斜线。这条小街始建于元代，后因烟铺和烟具烟袋店聚集，在清末改名为"烟袋斜街"。如今，青砖灰瓦的胡同化身为商业步行街，售卖着与北京相关的新鲜玩意儿。其中最具特色的还数53号的"大清邮政信柜"，这家邮局不仅提供了许多文创印章可供留念，若是寄明信片（或买张邮票），还能获得"大清邮政信柜"的专属邮戳。

❸ 银锭桥

　　沿着烟袋斜街走到头，横跨于什刹海上的银锭桥便会映入眼帘。这座小小的单孔石拱桥实际上已有500多岁了，还是昔日燕京八景"银锭观山"的主角。当年若天气晴好，站在银锭桥上往西北方向眺望，甚至能看到西山（五环外）胜景。积水潭医院11层的新北楼一度成为破坏这道景致的障碍，不过2021年随着"恢复银锭观山景观视廊"城市规划的落实，高楼拆除完毕，"银锭观山"再次回归人们的视野。

🏠 城市探味

姚记炒肝

　　想尝尝北京传统小吃，就去鼓楼边上的姚记炒肝吧。以猪肝、猪肠为主的内脏混着蒜末勾芡而成炒肝，再配上几个包子，这是北京人的特色早餐之一。也可以试试炸灌肠、豌豆黄、炸咯吱、卤煮……以及10多年前，时任美国副总统的拜登携家人来这里吃的炸酱面（他没有点炒肝）。

银锭桥周边

　　银锭桥边也聚集着几家百年老字号。烤肉界有"南宛北季"之说，桥北侧，创建于清道光年间的烤肉季饭庄以炙子烤肉出名，配着芝麻烧饼吃最香。隔壁始建于嘉庆年间的庆云楼饭庄是家高端鲁菜酒楼，被称为鲁菜"八大楼"的鼻祖。如果不打算去牛街，银锭桥南不远的南门涮肉是家传统清真火锅店，不会辜负你对老北京铜锅涮肉的期待，但等位的架势令人叹为观止。

　　如果想找家"海景"酒吧小坐，烟袋斜街58号的糖房咖啡（Sugar Bar）不仅有品类繁多的鸡尾酒和饮品，三层的露台更有从鼓楼到什刹海整片区域的无敌视野。

❹ 后海北沿

转入后海北沿，一侧杨柳拂岸，另一侧则是林立的古宅和酒吧。一路往西，23号的大藏龙华寺（免费）曾为清末摄政王载沣的家庙（现作托儿所用）。44号的醇亲王府（现为国家宗教事务局）曾数易其主，最后归属清末光绪年间的醇亲王奕譞，他的孙子、末代皇帝溥仪就是在这里出生的。隔壁43号的摄政王府马号即王府的马圈。至于岸边那座古雅的楼阁望海楼，则是1994年的"新建筑"。

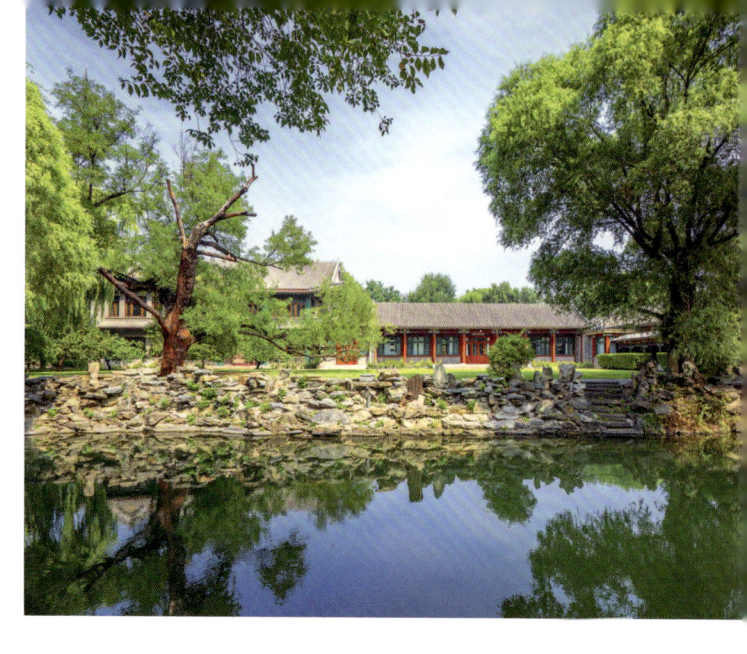

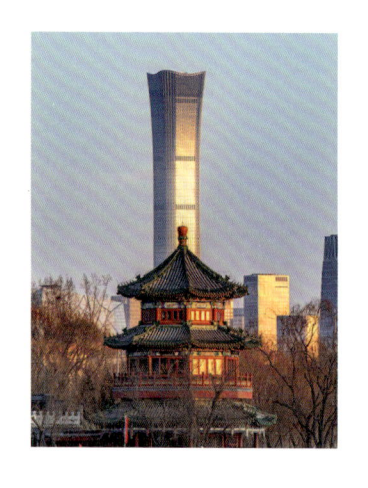

46号的宋庆龄同志故居（20元；9:00—17:30，周一闭馆）实际上曾是醇亲王府的花园，后经改造成为一处雅致的庭院，宋庆龄自1963年迁入至1981年逝世都居住于此。故居对外开放，除了秀美的园林景致，在这里还可以了解她的生平，参观她曾经工作和生活的居室，看看各国政府有趣的赠礼。

🗨 城市杂谈

到南锣鼓巷"挤一挤"

鼓楼地区不仅有风光无限的什刹海，还有人气爆棚的南锣鼓巷。作为北京甚至全国最早"出道"的网红街区，你想周末或节假日来逛一圈，会见识到令人叹为观止的人潮。

别以为南锣鼓巷走红不过十来年，它的繁荣可以追溯到750年前。形成于元大都时期的南锣鼓巷是北京历史上最古老的街区之一，也是元朝"前朝后市"格局中，"后市"的核心区域。加上紧邻京杭大运河漕运起点万宁桥，南锣鼓巷直到民国都是店铺集中的繁华之地。

从什刹海前往这里，大多数人会选择沿着鼓楼东大街漫步，街道两侧散布着各种餐饮店、玩具店、宠物店，让人看花眼。但如果想远离喧嚣，方砖厂胡同、帽儿胡同都可以通向南锣鼓巷，隐藏其中的末代皇后婉容旧居（帽儿胡同35号）、知名的方砖厂69号炸酱面都是可以打卡的地方。

抵达了南锣鼓巷，就专心感受这儿的文艺和商业气息吧！逛逛创意小店，到中央戏剧学院外打望一下美女，尝尝网红的文宇奶酪，或者在咖啡馆的露台上歇歇脚喝一杯。在南锣以东的胡同中还藏着茅盾故居（可入内参观）和蒋介石行辕。

如果想要一点南锣鼓巷的氛围，又不想挤破头，北边的北锣鼓巷和宝钞胡同同样值得一逛，复古商店、时尚餐馆、精酿酒吧以及四合院酒店静静地藏在这里，当然还有更多市井生活气息。

❺ 恭王府博物馆

（40元；8:30—17:00）这是清代规模最大的王府，曾有三位风光的主人：乾隆时期的权臣和珅、嘉庆时期的庆僖亲王永璘，以及咸丰时期的恭亲王奕䜣。三路五进四院尽显气派与奢华：嘉乐堂的建制效仿紫禁城内的坤宁宫；锡晋斋正厅地板由金砖铺就，屋内隔断皆用金丝楠木打造（后来成为和珅僭越的一大罪证），花窗上填着细薄的丝绸；而宽足足160米的后罩楼据说是和珅的宝物收藏室，其精致程度与同治年间的大戏楼、仿圆明园海园门而建的西洋门并称为"恭王府三绝"。恭王府还有"一宝"——后花园秘云洞中，康熙御笔所书的"福"字碑。

NOTES

恭王府入口和出口均位于前海西街，1号门入，2号门出。

❻ 郭沫若故居

（20元；9:00—16:30，周一闭馆）这里曾是恭王府的马号，后来又是达仁堂乐家药铺的宅院、蒙古国驻华大使馆，连宋庆龄也曾在此小住。1963年，郭沫若迁居于此，度过了人生中最后的15年。你可以在四合院内的展厅了解郭沫若的生平，欣赏他题写的各种匾额，看看他曾经工作和生活过的地方。宽敞幽静的庭院里，春日有紫藤和海棠盛放，茂盛的银杏则在秋日为小院"镀金"。

❼ 荷花市场

沿着前海北沿继续往东，眼前的水面已是前海。虽不如后海有名，但初夏荷花盛开时，这儿才是什刹海最上镜的地方。湖畔的荷花市场在清末民初曾是民间曲艺的演出地和热闹的杂货市场，如今则是布满咖啡厅、餐厅和手信店的步行街。在这儿逛逛歇歇一路往南，在荷花市场的牌楼下结束游览。

天津

百年风云路

"近代百年看天津"这一说法从何而来？作为曾经的"天子津渡"，既近都城又靠港口的地理位置，让这座城市被迫划分出九国租界。一时间商贾如云，人来人往，天津的荣辱皆被掩盖在繁华之下的风起云涌中。如今，城市早已旧貌换新颜，曾经的租界区也融入了城市建设之中，"兼收并蓄、包容开放"成为天津的城市名片。若想回顾那段百年前的历史，花上一天时间在这儿走一圈是个极好的选择。

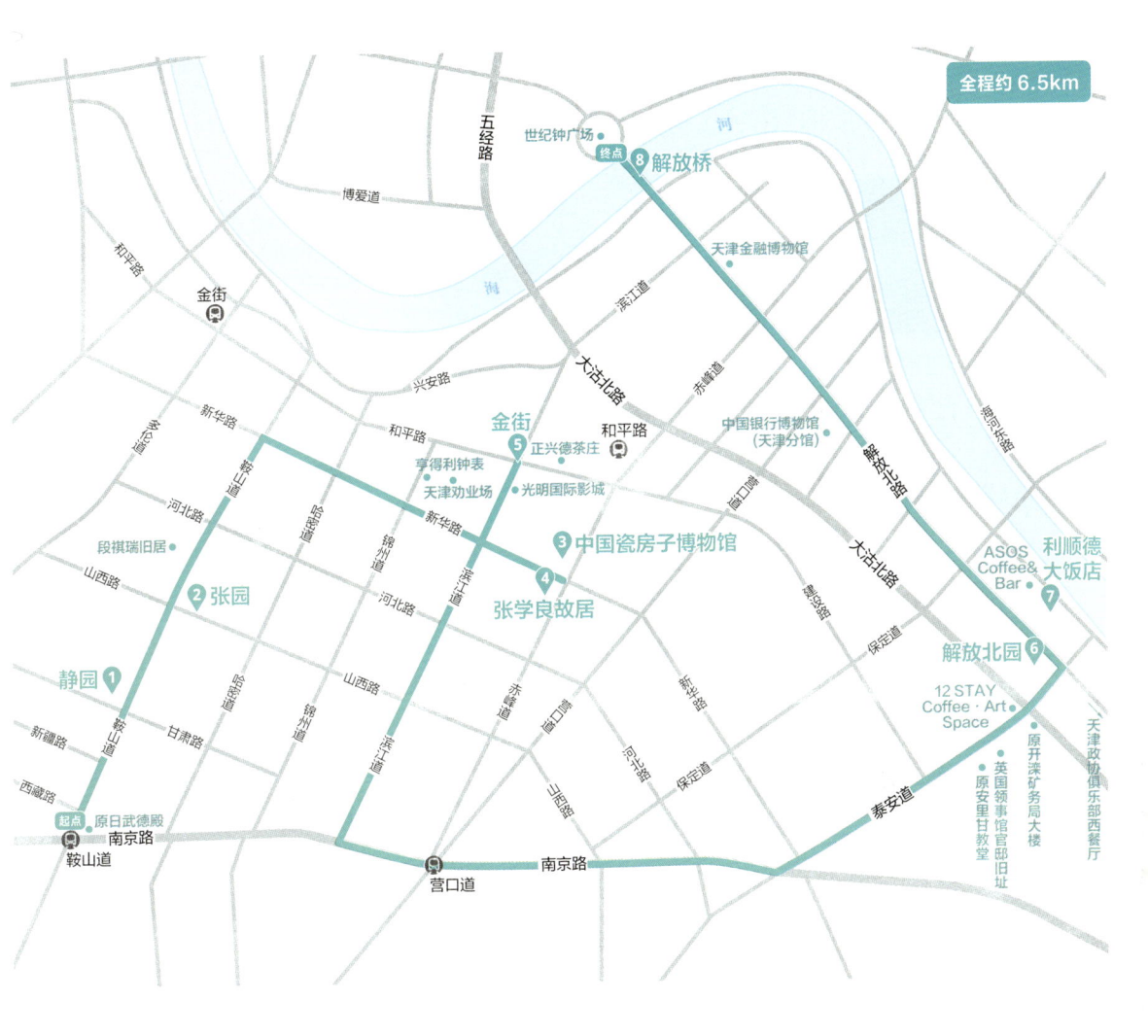

从鞍山道地铁站出发，沿鞍山道向北游览。这里曾是天津日租界的宫岛路，眼前的原日武德殿有着强烈的东瀛风格。依次经过❶静园、❷张园，抵达段祺瑞旧居门口，这座带有西洋古典建筑风格的楼房偶尔开门，可以碰碰运气。之后沿新华路右转，走到与赤峰道的交叉路口，❸中国瓷房子博物馆和❹张学良故居分立两旁。

在滨江道与和平路组成的❺金街，烙印着一个时代繁华印记的老字号，夹杂在遍地开花的新潮流之间，使老街道焕发新活力。去看看天津劝业场老街街心的"大铜钱"，并从这里一路向西南穿过整条风靡一时的滨江道步行街。

左拐沿着南京路闯入西洋风世界，在不到1公里的泰安道，原安里甘教堂、英国领事馆官邸旧址、原开滦矿务局大楼等依次排开，哥特式、罗马式、日耳曼式等西式建筑鳞次栉比。在法国梧桐的夹道相迎下，可以前往❻解放北园歇歇脚，对面就是具有传奇历史的❼利顺德大饭店。

既然提起百年历史，金融的发展怎能忽视。海河旁，被誉为"东方华尔街"的解放北路曾在中国近代金融史上占有一席之地，花旗银行、大清银行等都曾在此扎堆开设。如今，其中一些化身为中国银行博物馆（天津分馆）、天津金融博物馆等文化展示场所。

最后，走过横跨在海河之上的❽解放桥，在世纪钟广场回望身后的九国租界区，拨开围绕在中国近代史上的蔼蔼迷雾，云开见月明。

❶ 静园

（20元；9:00—17:30）这处宅子立于喧闹都市中，原先叫"乾园"，曾是北洋政府驻日公使陆宗舆的宅邸。1929年，它迎来了名气最大的一任主人——末代皇帝溥仪。被冯玉祥驱逐出京的溥仪，先是落脚不远处的张园，后又携皇后婉容、淑妃文绣入住乾园，并将其改名"静园"，取"静以养吾浩然之气"之意。但实际上，他在这里图谋复辟清朝，最后离开时也是从后门溜走的。溥仪就这样前往东北当上了康德皇帝，而失去主人的静园也终于成了名副其实的"安静之园"。

静园融合了日本和西班牙风格，经过两年的修缮复原工作，如今可以在一层看到餐厅、会议室、文绣卧室，而溥仪和婉容的书房、寝室等在二层。这里的陈设尽管部分是仿制的，但都是对比了大量历史照片之后制作的，最大限度呈现了历史上的真实样貌。

❷ 张园

（30元；9:00—17:30，周一闭馆）前脚刚接待了革命领导人孙中山和夫人宋庆龄，54天后却成为清逊帝溥仪被驱逐出京后的寓居之所？这处起初名为"露香园"的二层砖木混合楼房，是1915年时任湖北提督张彪所建，砖红色的外墙、转角的四层塔楼都是它的独特标志。

1925年，为了接待溥仪，张彪特别定制了英国惠罗公司的欧式家具。与传统中式风格截然不同的布置，让溥仪在此度过了五年半"远比养心殿舒服"的日子。

在张彪逝世后，张园几经易主，先后成为日本驻屯军司令官邸、国民党警备司令部、天津市军事管制委员会和中共天津市委办公地，直到如今作为天津市爱国主义教育基地，赓续着百年红色记忆。

NOTES

张园还适时推出了沉浸式演绎展《津门往事》、夜游戏剧《宋美龄耳环丢了》等剧目，让历史"活"起来。

❸ 中国瓷房子博物馆

（50元；4月至12月9:00—19:00，1月至3月9:00—18:30）论一座法式小洋楼如何从众多西洋建筑中脱颖而出，答曰：砸钱给它通体贴上瓷片就好。

自2005年开始，房主人张连志前后共用了7亿多片瓷片、4000多件古瓷器和300多尊古石雕造像，让房子摇身一变，成了众多小洋楼中"最有特色的那个仔"。这里的瓷片最早可追溯到汉代，更不用说那20多吨的水晶石玛瑙和汉白玉石雕，修缮后的房子可谓是"价值连城"。

屋外的瓷瓶垒起院墙，瓷片拼接而成的"china"字母图案立于屋脊之上；屋内的红墙上用瓷器拼成一幅幅中外名画，唐代的《捣练图》和毕加索的自画像摆在一起也出奇和谐。瓷房子因其"豪"且大胆的设计被《赫芬顿邮报》评选为全球十五大设计独特的博物馆。即使不进去参观，在门口打个卡也算是长了见识。

🏠 城市探味

天津政协俱乐部·西餐厅

无论是煎饼果子还是牛排叉子，在天津都是一视同仁地接地气。"老味西餐"就是对天津本土化西餐的统称，而位于解放南路273号的天津政协俱乐部内的西餐厅便是个中翘楚。

老味西餐多偏德式或俄式，这里两者兼备，若点上罐焖牛肉、红菜汤等俄式菜再加上德式冷酸鱼，将呈现一桌十分神奇的搭配。这里的前身是德国俱乐部，沉稳精致的日耳曼风格装饰和深红色的木质家具还保留着正式外交场合的气韵，但菜单上的价格却亲民得令人震惊。

泰安道

供应跟英伦风匹配的brunch、咖啡和下午茶的小店，没有理由不开在泰安道。若想在旅行中享受不受打扰的休闲时光，可以选择在解放北园对面的12 STAY Coffee·Art Space点一杯咖啡，或再往海河方向走，到ASOS Coffee&Bar点一份brunch。

❹ 张学良故居

（80元；9:00—18:00）天津不乏名人故居，但在这座砖木结构的三层法式宅子里，最为人津津乐道的却是前主人的爱情故事。1924年，少帅张学良以张作霖五夫人张寿懿名义，从法国领事馆手中购下这座宅子。7年里，每逢来津办事，他都会和赵四小姐在这座宅子中度过闲暇时光。

这里是张学良的办公之处，但除却二层的军政议事厅和书房，用于生活娱乐的设施似乎格外多。可以在一楼参观为梅兰芳专门建设的戏台、为赵四小姐购置的钢琴，也可以走进三楼的歌舞厅，在灯球、唱片机、吧台、麻将桌之间回味那个时代的时髦元素，还可以跟随讲解员游览这座充满情调的宅子，再自行返回一楼的春和大戏院听一段相声快板，或在大戏院旁的生活场景复原区体验民国风情。

❺ 金 街

跟"大铜钱"合个影，看一眼威风的铜车马，若是夏天就再尝一根康乐小豆，这便是滨江道带给天津孩子的共同回忆。正兴德茶庄、光明国际影城、亨得利钟表、天津劝业场，这些数得出名号的老招牌，也曾是滨江道繁华的代名词。

2000年，为了持续发挥商业活力，滨江道与和平路一同接受改造，组成了约2520米的全国最长商业步行街区。白日里的喧闹和夜幕降临后的霓虹闪烁，使它依然是年轻人周末吃喝玩乐的好去处。

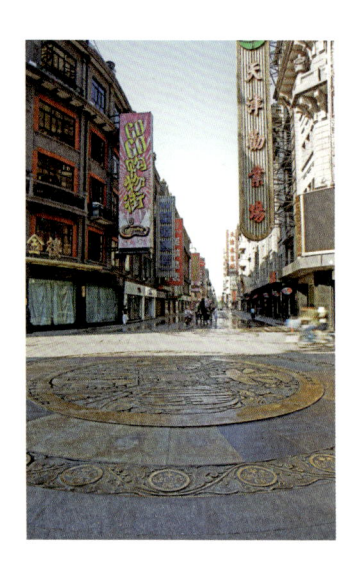

❻ 解放北园

在泰安道与解放北路交叉路口，一座风景优美的公园坐落在海河之畔。百年前的英租界时代，为了庆贺维多利亚女王登基50年，在远离英国本土的天津，一座以女王名字命名的花园建成，这也是天津第一座现代开放公园。而后，以维多利亚公园和维多利亚路（今解放北路）为中心，"东方华尔街"繁华一时。

时过境迁，如今这里已经更名为"解放北园"，四周围墙也早已拆除，园内保持了部分旧时布局，修缮了中心的六角凉亭，增设了许多基础设施并种满了绿植。如今，春日赏花，秋日观景，夏日在成荫的绿树中放松休息，都是解放北园的新玩法。百年后，这座花园又重新成为海河畔的一道靓丽风景线。

❼ 利顺德大饭店

利顺德大饭店曾风光一时，前有英、美、加、日等国在此设立领事馆，后有孙中山、周恩来、美国总统胡佛、末代皇帝溥仪，以及梅兰芳等文化界名人来此下榻。而当时它的另一个名字"Astor House Hotel"（总督府饭店）也指明了这家酒店与时任直隶总督李鸿章的密切关系。通过李鸿章的洋务运动，这间小小的酒店成为电灯、电话、电风扇等物品的"首席体验官"，而1924年由奥德斯电梯公司安装的中国第一部电梯如今依旧在运行。

利顺德大饭店如今是全国酒店业唯一的国家级文物保护单位，也是世界上唯一一家拥有专属博物馆的现役酒店。

❽ 解放桥

横跨在海河之上的明星，除了坐落着"天津之眼"的永乐桥、因跳水而闻名的狮子林桥，莫过于这座建成于1927年的解放桥。解放桥总长96.7米、总宽19.5米，又名"万国桥"，过桥站在世纪钟一侧便可回望曾经的九国租界区。

解放桥是天津海河上现存的三座可开启桥梁之一。随着城市的发展，海河鲜少再承担航运的任务，解放桥也就更多地承担起交通运输的职能。虽然很难再见到"万国桥下过大船"的光景，但仍可以在规定的节假日或特殊的日子里，见证解放桥打开的时刻。

📷 拍摄点

对象： 解放桥和世纪钟
机位： 解放桥津湾广场方向西侧
最佳时间： 全天

太原

太原府城访古

"地上文物看山西",即便是山西文物界中不算起眼的太原,在繁华都市的中心也蕴含着不少亮点。明清太原府城的核心区域位于今天的迎泽区,这条步行路线上的七个站点中,除了柳巷和文瀛公园,其他都带着"全国重点文物保护单位"的头衔。访古之余,四季花开不断的文瀛公园充满人间烟火气;柳巷的各家老字号如数百年来一样,端出热腾腾的头脑、羊杂汤和稍梅;而柳巷、钟楼街、桥头街和食品街组成的大型商业街区,也是山西本地青年人的汇集之地,你会在此找到精彩的夜生活。

全程约 4km

明清时期，山西商人因叱咤商海而得名"晋商"，到 ❶ **晋商博物院** 了解他们的"生意经"是今天的首要大事。接着过马路到府东街对面，"抚绥全晋"牌楼后面是帽儿巷（网红的食品街），不过帽儿巷与钟楼街的交界地带才是最热闹的，不妨等傍晚再次前往。

从帽儿巷与鼓楼街的路口左转，一座漂亮的新古典主义小楼是山西银行旧址，它曾是晋系军阀阎锡山的钱袋子。继续前行不远，鼓楼广场上显眼的红墙古建筑是 ❷ **唱经楼**，这座精巧的明代木结构建筑是秋榜揭晓时，唱五魁姓名的地方。

接下来的 ❸ **柳巷** 和桥头街都属于太原历史最悠久的美食商业街区，一路有多家餐馆可以填饱肚子。路过颇有中国特色的桥头街基督教堂后，右转来到 ❹ **文瀛公园** 北门，游览一下这座内涵丰富的公园，最后从东门出，沿纯阳宫路一路往南，经过恢宏的山西饭店建筑群来到位于纯阳宫的 ❺ **山西古建筑博物馆**，里面的"三绝"会令你感到不虚此行。

从纯阳宫出来，五一广场上的首义门曾是明初太原城的两座南门之一，后因辛亥革命时阎锡山率新军从这里攻入太原而得名。经侯家巷、文津巷到 ❻ **太原文庙**，里面关于山西考古和古建筑的展览非常精彩。❼ **崇善寺** 紧邻文庙，600多年历史的大悲殿躲过无数战火，最规整的明初木构建筑保留至今。

27

❶ 晋商博物院

（免费；9:00—17:00，周一闭馆）晋商博物院位于山西督军府旧址的院落内，从元代起，这里就是历代山西巡抚的衙门所在地，清末民初成为阎锡山的督军府，中华人民共和国成立后又辟为山西省政府办公地。2017年省政府迁走后，晋商博物院入驻了这处优雅的古建园林，并于2021年对外开放。

"天下晋商"的六个主题展览再现了山西晋商"纵横欧亚九千里，称雄商界五百年"的兴衰史。这里关于晋商的账本、汇票、顶股等原始文档，以及算盘、钱箱、度量用具的展示都相当全面。如果有一些金融学基本知识，也许可以试着理解这些山西商人曾经是如何通过繁杂又精密的体系，掌控着全国的经济命脉。

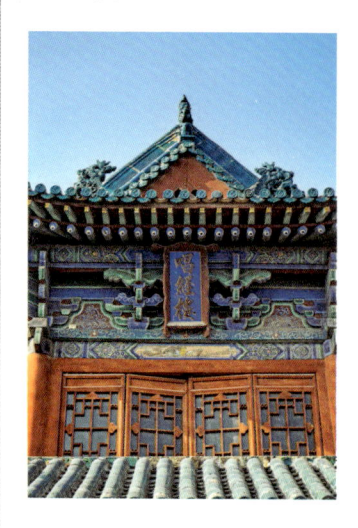

❷ 唱经楼

（免费；9:00—17:00，周一闭馆）明清时期，唱经楼可是让万千考生"心提到嗓子眼儿"的地方——山西乡试（秋闱）之后的考生名次公布，就是在这里宣唱的。发榜前一天，书吏会先在唱经楼宣唱考生名次和相关信息，第二天正式放榜，放榜后，前五名考生，即"五经魁首"的姓名会再次被宣唱以示祝贺。1905年科举制度废除后，唱经楼的辉煌也成为历史。

太原的唱经楼是全国极少数保存下来的唱经楼之一。"工"字形的院落里包括四座建筑。唱经楼和正殿始建于明初，通廊和春秋楼是清朝增建的。你可以花半个小时参观一下这些明清古建，院落里有关于古代科举制度和官礼官制的小展览。

太原府城访古

❸ 柳巷

这是太原最繁华的商业街，广义的柳巷美食商业街区还包括附近的钟楼街、桥头街等街道，从百年老字号到新兴网红店，从地摊小吃到高雅餐厅，令人眼花缭乱。其中，清和元、认一力、六味斋、恒义诚·老鼠窟元宵都是经久不衰的老字号，太原市非物质文化遗产——羊杂割制作技艺传承人所在的郝刚刚羊杂割也在这里。白天过来比较清静，夜晚亮灯后更有氛围，两列"小火车"纵贯柳巷，每一节车厢都是一个美食摊。

❹ 文瀛公园

（免费；6:00—22:00）别以为这是座普通的城市公园，园中的小湖泊在明代就已经存在。清康熙年间，湖泊因紧邻山西科举考试的贡院而得名文瀛湖；民国时期，示威、集会、游行等政治活动多在这里发生，孙中山、阎锡山和彭真等重要人物亦在此留下足迹。公园名称的演变极具时代气息——从"中山"到"新民""民众"，再成为"儿童公园"，直至2005年，才恢复了"文瀛"的旧称。

除了杨柳绕堤的湖光水色和四季花开的亮丽色彩，湖周依然保留着不少历史建筑。从北门进入，正对着的就是1912年孙中山曾发表演讲的中山纪念堂，东边不远是阎锡山为其父所修建的呈"卍"字形的万字楼，以及湖边的现代建筑城市书房；湖泊南端坐落着展示《崇德庐帖》等名家字帖碑刻的石刻长廊、彭真生平暨中共太原支部旧址纪念馆，还有一座清代六角十二层琉璃塔位于纪念馆与湖泊之间。你可以走走停停绕湖一周，顺便欣赏太原百姓的才艺表演。

🏠 城市探味

清和元

在太原人看来，没吃过清和元相当于没到过太原。柳巷北口就坐落着清和元。这家"中华老字号"中最出名的小吃"头脑"，是明末清初山西风云人物傅山发明的，其店名也为傅山题写。"头脑"又名八珍汤，是由黄芪、煨面、莲菜、羊肉、长山药、黄酒、酒糟、羊尾油配制而成，据说有大补功效，但并不是所有人都能习惯它奇怪的口味。这里的稍梅和羊蝎子也挺有名。

山西饭店

位于文瀛公园和纯阳宫中间的山西饭店，是品尝晋菜的不二之选。虽然味道不一定是最好的，但口味一定是正宗的。即便不吃饭，也可以来这里打个卡，它由原阎锡山"自省堂"发展而成，里面还藏着明清山西贡院旧址，气势恢宏的仿古楼群如同宫殿，入夜之后的霓虹灯饰点亮了半边天。

> 城市杂谈

文武双全的一代宗师

行走在太原，经常会看到傅山这个名字。晋祠里的"难老"匾和傅山纪念馆，山西博物院里的诸多傅山书法馆藏，汾河边的傅山碑林公园……即便只在这条线路上，纯阳宫的碑廊、山西饭店等地也都有他的墨迹。城区的老字号清和元及名小吃"头脑"都缘起于他，更有趣的是，《七剑下天山》中，那位隐居天山剑术绝伦的傅青主的原型，也是傅山。

傅山（1607—1684年），字青主，是土生土长的太原人。他出身于官宦之家，原本有希望进入仕途，但明末清初的社会大变革成了他生命中的转折点。清军入关后，他曾出家为道，康熙邀其出山，傅山抵死不从。潜心学术的他博通经史诸子，在文学、艺术和医学领域都取得了巨大成就。梁启超将傅山与顾炎武、黄宗羲、王夫之、李颙、颜元一同列为"清初六大师"。

❺ 山西古建筑博物馆

（15元；9:00—17:00，周一闭馆）

这座博物馆所在的纯阳宫是山西三大道观之"中宫"，也是太原最大的道观庙宇，原为供奉唐代道士吕洞宾而建。今天，这里的最大看点是"一院、一像、一碑"。"一院"是纯阳宫中九宫八卦院，整个院落平面布局呈方形八角，按照道家八卦的方位建造，加上中间的方形三间两层亭，形成"九宫"建制，楼亭之间以廊道相通。道家的思想智慧就这样精巧地浸润到建筑中。

另外的"一像"和"一碑"更是大有来头，2002年国家文物局公布了首批64件禁止出境的国宝级文物，它们均位列其中。"一像"是第五进院潜真洞内，719年以汉白玉雕造的常阳天尊像。"一碑"是盛唐时期皇家寺院的文化遗存涅槃变相碑，你可以在第一进院侧面回廊下，从诸多的历代碑刻造像中找到它。

❻ 太原文庙

（30元；9:00—17:00，周一闭馆）太原文庙的前身始建于北宋，经过数百年历史变迁，今天的文庙是清光绪年间重建的。中轴线上，牌楼、照壁、六角亭、棂星门、大成门、大成殿、东西两庑和崇圣祠等建筑延续着传统的文庙格局。山西考古博物馆的入驻丰富了这里的看点——棂星门外的照壁、四只狮子和两侧的六角亭均为明朝遗存，在连廊中可以近距离欣赏到南北朝时期的石刻造像，以及落款"米芾临"的《兰亭修禊》碑。

二进院的东、西两个展厅中，关于太原文庙以及山西考古发掘和考古成果的相关展览亦十分走心，不仅带你深入了解文庙，一睹山西省近年来新鲜出土的文物，还有对山西考古人员从田野发掘到文物修复的幕后工作进行的科普。

> **NOTES**
> 展览内容经常更换，可以通过微信公众号"山西考古博物馆"查看最新主题。

❼ 崇善寺

（免费；8:00—16:30）崇善寺始建于唐，初名白马寺。1381年，朱元璋三子晋恭王朱棡为纪念其母孝慈高皇后马氏，在该寺旧址上按照宫殿式建筑的制式进行重修，并改名为崇善寺。崇善寺既是佛教寺院，也是皇家祖庙，其规模"俨若仙宫，不惟甲于太原，诚盖晋国第一之伟观"，布局亦与北京故宫极为相似。

但1864年的一场大火，几乎将寺院尽数焚毁，六座大殿中仅有大悲殿和一些附属建筑幸存下来。如今，大悲殿是山西现存结构最完整、最规范的明代木构建筑，面阔七间、进深四间，保持着初建时的构件。殿内三尊高8.3米的泥塑贴金菩萨立像为明洪武年间塑制，千手千眼观音位于中间，东西两侧分别为文殊菩萨和普贤菩萨，细节繁复，线条流畅，是古代雕塑艺术的杰作。

> **NOTES**
> 近年来，大悲殿的保护性修复工程一直在进行中，因此只能游览寺院，暂时无法入殿参观。

西安

城墙里的旧时光

　　古城墙环抱一圈，勾勒出了老西安的历史方位和心理归属。钟楼和鼓楼数百年来标记着城市的中心，碑林石刻用顶级书法记录了国家档案，回民街不仅延续了唐长安的里坊结构，还将宗教和美食融入一炉并流传至今。城墙根下的百姓们过着简单闲适的生活，你也不妨放慢脚步，清晨在羊肉泡馍馆慢悠悠地掰馍，午后在环城公园的树荫下小憩，傍晚再在城墙上骑行一段，在夕阳西下和华灯初上之际回望古城，实在"嘹咋咧"。

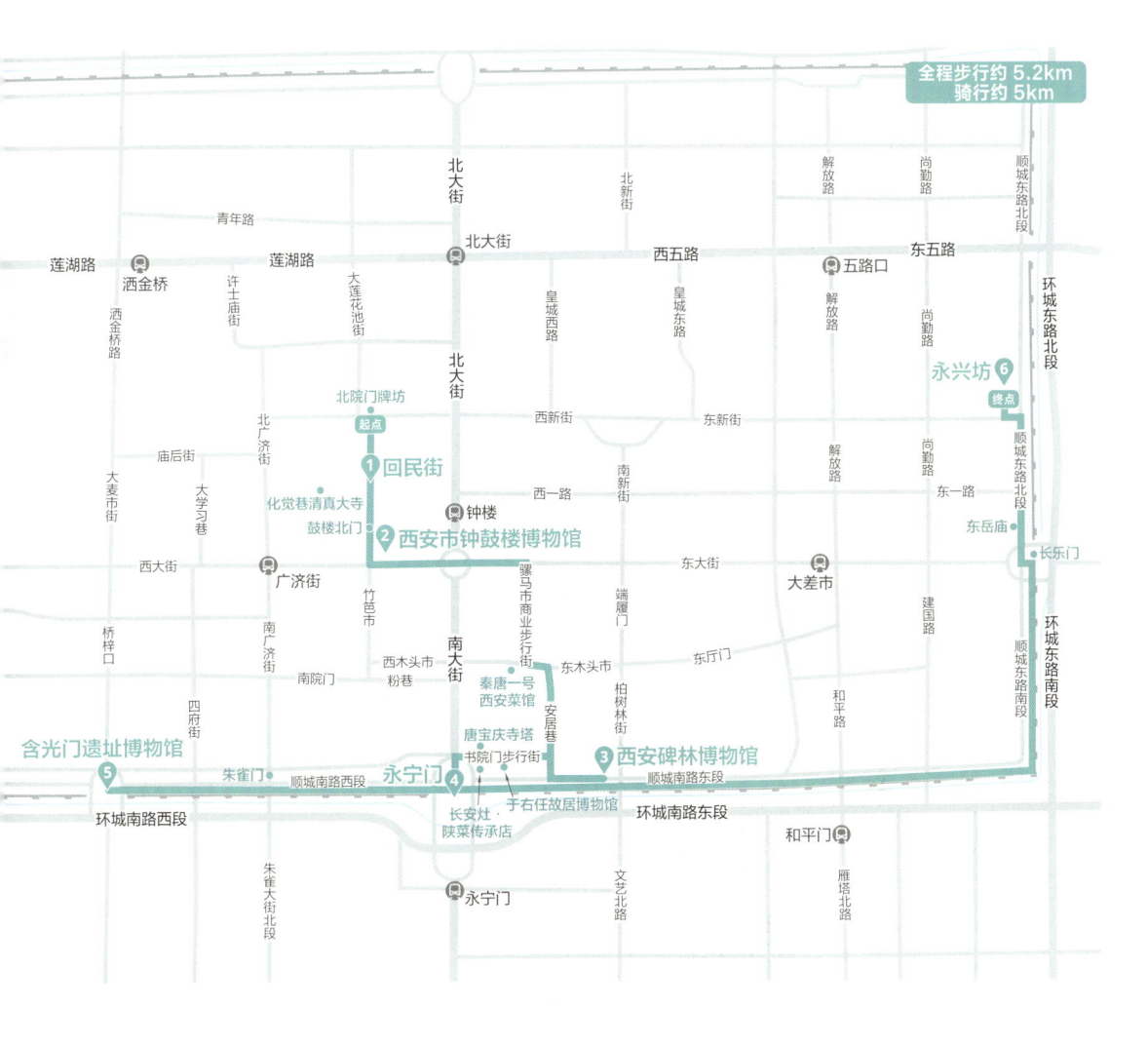

全程步行约 5.2km
骑行约 5km

清晨赶到 ❶ 回民街，钻入老字号羊肉泡馍馆，享受一碗热乎乎的"羊羹"，之后用双脚丈量这片特色街区。从北院门牌坊一路往南便是鼓楼北门，由此进入 ❷ 西安市钟鼓楼博物馆 参观一番。虽然"晨钟暮鼓"的报时习惯早已远去，西安市区的范围也从城墙蔓延出了很远，但在当地人心中，钟鼓楼仍是西安城的中心。

从东大街转入骡马市商业步行街，再经安居巷一直走到城墙边向东转，看到南城墙脚下几棵古槐树环抱着落款"孔庙"的古老照壁，就到了 ❸ 西安碑林博物馆。参观完后回到安居巷，从安居巷进入书院门步行街，一路都是文房四宝散发的书香气，你可以在途中的于右任故居博物馆欣赏这位风云人物的书法真迹。路尽头，牌坊边的唐宝庆寺塔上仍留有一些残余的佛龛。

穿过古城的南大门 ❹ 永宁门，沿着城墙下的环城公园一路往西，经朱雀门来到含光门。在 ❺ 含光门遗址博物馆 看看真正的古城墙，再登上城墙，从"空中"感受西安城和古城的魅力。走到长乐门后，下城墙沿着顺城东路往北，若是时间还早，可以在途经的东岳庙观摩一下里面的明清古殿和巨幅壁画。最后到达中山门下的 ❻ 永兴坊，揭开这处网红街区持续火爆的秘密。

33

❶ 回民街

你可能早就垂涎回民街五花八门的清真美食了。以北院门为主轴的回坊风情街青石铺路，门面招牌鳞次栉比，是每位初访西安的旅行者必定造访的美食街。实际上，广义上的回民街包括鼓楼西北从北院门到洒金桥的一片广阔区域。横平竖直的小道延续了唐朝"里坊制"的格局，一座座清真寺拥有中国传统建筑的外观，反倒成了西安城内保存最好的中式古建筑群。如果时间宽裕，不妨离开游人摩肩接踵的北院门，钻入僻静的胡同深处探寻一番，附近的化觉巷清真大寺就别有洞天。除了一座座清真寺，还有佛寺、城隍庙、民居大院和儒家官邸切换着你的文化频道，每条巷弄都有许多供当地人解馋的馆子满足你的味蕾。

❷ 西安市钟鼓楼博物馆

（鼓楼30元，钟楼30元，联票50元；淡季8:30—18:00，旺季8:30—21:30）始建于1380年的鼓楼和1384年的钟楼坐落在西安老城最中心的位置，从明初到清末的约500年间一直履行着为西安城授时的职责。

钟楼本来紧邻鼓楼西侧，直至1582年，为调整偏离的城市中轴线才被整体搬迁到距离鼓楼约200米的位置。除了基座为重新砌筑，其他均由原装构件重新装配而成，因此仍保存着最初的四角攒尖顶重檐三滴水结构，其内部的浮雕和斗拱彩绘也极具观赏价值。登上顶层，看四条笔直的大街向四方延展，这便是"古城中心"最直观的体现。

NOTES

如今鼓楼内开辟了展厅，二层每天有鼓乐编钟表演，9:00—17:00约1小时一场，可以在微信公众号"西安市钟鼓楼博物馆"查询演出时间。

📷 拍摄点

对象： 西安钟楼
机位： 开元商城五层、六层观景台
最佳时间： 夜景尤美

❸ 西安碑林博物馆

城市探味

钟鼓楼附近

如果想坐在餐厅里吃顿正经的陕西菜，钟鼓楼一带有不少环境、服务和口味都不错的餐馆可选。几乎每家的招牌都是葫芦鸡，可以试试钟楼附近的秦唐一号西安菜馆，或者顺城巷口以霸王肘子出名的长安灶·陕菜传承店。

（10元；9:00—17:00）西安碑林位于孔庙（即文庙）之中，从秦至清的历代名碑、石刻、佛教造像，以及保存完好的文庙格局是这里的几大看点。碑石陈列室中，颜真卿、柳公权、欧阳询、米芾、赵孟頫、董其昌等如雷贯耳的书法名家真迹赫然于眼前，构成了一部鲜活的汉字艺术史。而用114块青碑刻录着65万字儒家经典的《开成石经》，将唐长安城的盛世文明封存至今。除了书法，三秦大地收罗、抢救来的文物同样在这里串起了人文历史的诸多脉络，佛陀或道君的石像、浮雕或圆雕的石马、刻有诅咒的石棺，还有李渊的石犀牛、李世民的昭陵六骏、关中的八景图……来此参观如同穿越时空。

❹ 永宁门

（城墙54元；8:00—22:00）在西安城墙的十八座城门中，永宁门（南门）是唯一一座闸楼、箭楼、城楼三楼齐备的城门。这里每天有数场武士站岗巡游和武士换岗仪式的仿古演出（免费）。夜落灯起，重金打造的实景演出《梦长安》依托着气势恢宏的南门景观带，将盛唐气象带到人们眼前。这套演出也号称"国宾级"，美国前总统克林顿、印度总理莫迪等国外政要贵宾都曾在此观看。

永宁门是大多数旅行团的登城点，要想避开人潮就先不着急登城。不妨穿

> **NOTES**
> 可通过微信小程序"西安城墙景区"查询演出并购票。

过门洞，沿着城墙根下的环城公园往西漫步，一侧是通高12米的墙体，一侧是碧波如洗的护城河，绿意环绕的环城公园装着西安人的慢生活，他们在这里下棋、遛鸟、弹奏乐器，一声秦腔就是最好的背景音。

🗨 城市杂谈

西安的面食与糕点

关中平原土地肥沃，尤其适合种植小麦，所以面食自古以来就是西安人饮食的根本所在。面粉到了这里，被魔术般地摆弄出无数种可能，加上醋和辣子这两种灵魂伴侣，以及其他传世作料，为食客带来五花八门的舌尖盛宴，一天吃一种也能一个月不重样。

肉夹馍、羊肉泡馍和凉皮是西安美食"三巨头"。就面条来说，有臊子面、biáng biáng面、摆汤面、蘸水面、扯面、干拌面……单臊子面，又有岐山臊子面、关中臊子面等地域上的差别。每个陕西人对面条都有自己的坚持，薄厚、宽窄、嚼劲儿都成了影响食欲的关键。

面食的花样当然不止于面条。面粉和不同分量的水调和，运用揉、搓、搅等各种手法，会呈现不同的状态：锅盔、花馍、煎饼、鱼鱼儿、麻食等，种类之多超乎想象。

提到小吃，西安的回民糕点甜蜜蜜、软糯糯，令人意乱情迷。去回民街，不要错过甑糕（甑正音为zèng，但是本地人读jīng）、柿子饼、蜂蜜凉粽子。要是还想带一份回家，西羊市的清真全盛斋传统糕点和旁边不远的马香兰手工糕饼都有品类多样的糕点可供选择。

36　　　　　　　　　　　　　　　　　　　　　　　城墙里的旧时光

❺ 含光门遗址博物馆

（持城墙门票参观；8:00—20:00）含光门是长安皇城的三座南门之一。唐朝时期，主管外交事务的鸿胪寺和鸿胪客馆就设在含光门内，丝绸之路上的商队、各国使节等都从这里出入长安，因此含光门又有"外交之门"之称。如今，这里最引人入胜的是遗址博物馆内真正的古城墙。从隋唐、唐末五代、宋元、明清到近现代五个时期的城墙断面层次分明，历史变迁就这样保存在这块坚实的夯土里。"镇馆之宝"隋唐过水涵洞遗址是长安城地下排水系统的一部分，即便今天看，设计也相当先进。游览完博物馆，再由二楼的楼梯登上城墙，前往长乐门（东门）。

NOTES

没在城墙上来一场"空中之旅"，就没有真正体验到西安城墙的魅力。城墙全长13.76公里，可以选择在此租一辆自行车骑行，绕城一周也仅需一个多小时，不仅有趣也省脚力。若时间充裕，可以顺时针骑行大半圈到长乐门，看看古城另一侧的风景。如果实在累了，也可以选择乘电瓶车。

❻ 永兴坊

因"摔碗酒"火起来的永兴坊，是处极具"网红"特质的仿古商业街区。不过撇开商业化的一面，这里不仅汇集了陕北、关中和陕南各地的上百种小吃，还有不少适合打卡拍照的陕西特色布景、"非遗"项目展示和秦腔、皮影戏等民俗表演。入夜后的永兴坊灯火璀璨，尤为上镜。

哈尔滨

不止"东方莫斯科"

　　哈尔滨大概是东三省最纷繁迷人的城市之一，夏天的啤酒和冬天的冰雪大世界令人沉醉，在看到圣·索菲亚教堂的那一刻，更是会迷失在浓郁的俄罗斯风情中。这座城市的风云历史在红军街、中央大街等地的欧式老建筑中优雅展现，沿着这条线路走下来，你不仅可以对城内的多国移民文化和中东铁路的历史过往有个大致了解，还能把地道东北风味和俄式大餐一网打尽。从繁华的道里探索到沧桑的道外，对所谓"东方莫斯科"这个标签的认知也会随着你对它的耐心深入而不断刷新。

全程约 7km

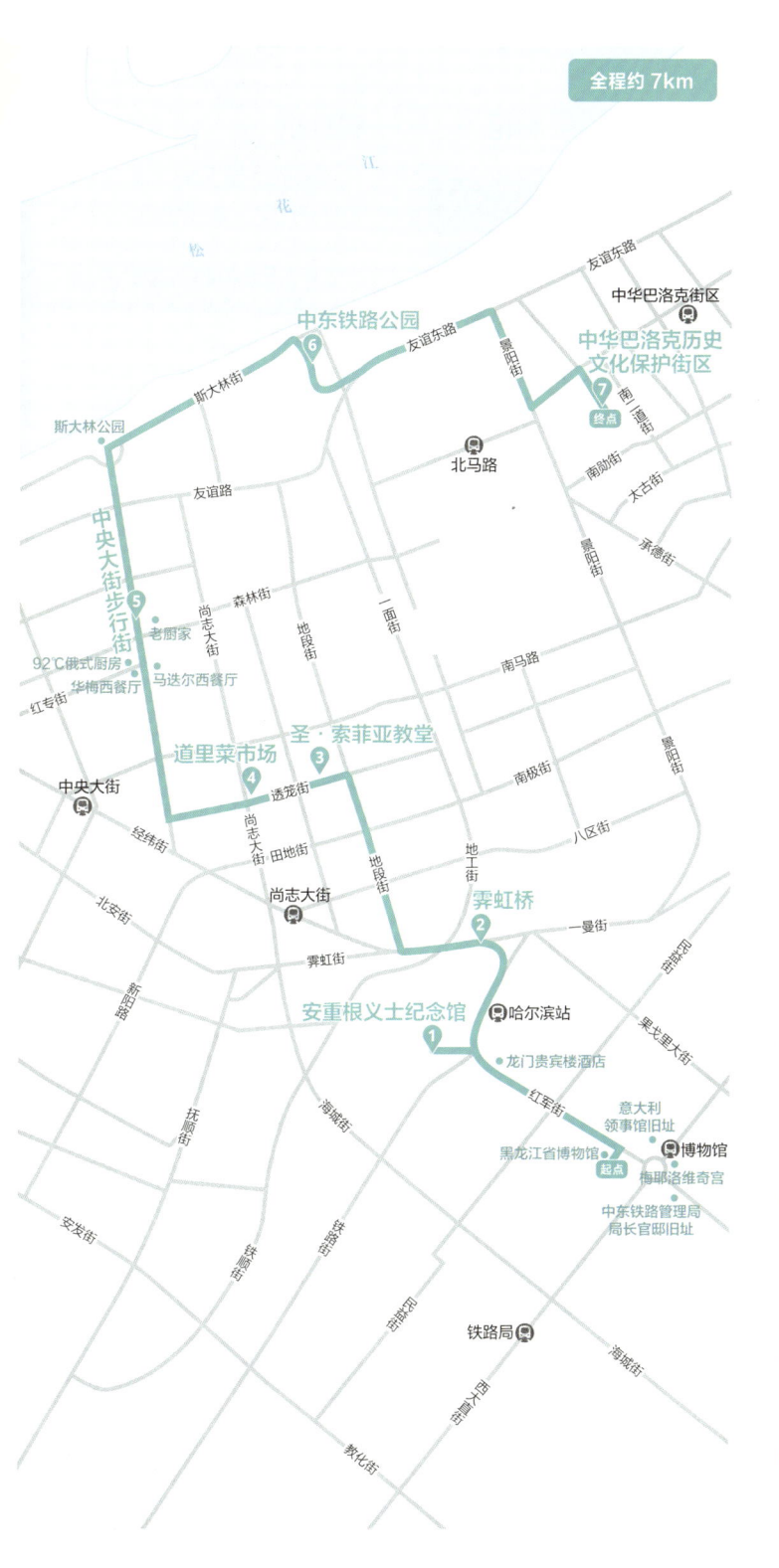

游览从黑龙江省博物馆开始，其建筑是1906年的莫斯科商场旧址，如果你对哈尔滨城市发展史感兴趣，可以入内看看。一个世纪前，博物馆旁边的大转盘是哈尔滨的中心，这里原本坐落的圣·尼古拉教堂在1966年被拆毁。从博物馆沿着大转盘逆时针方向走去，绿色尖顶别墅是中东铁路管理局局长官邸旧址，斜对面红顶大楼是梅耶洛维奇宫，接着一座优雅的明黄色小楼则是意大利领事馆旧址。

之后沿着笔直的红军街一路往西，沿途的领事馆旧址和欧式建筑不断出现，其中最显赫的是红军街85号的龙门贵宾楼酒店，其前身是沙俄驻哈尔滨领事馆，伪满时期是大和旅馆，赫鲁晓夫、张学良等政要都曾下榻于此。红军街的尽头是始建于1899年的哈尔滨站，站内是 ❶ **安重根义士纪念馆**。从火车站往东步行5分钟，就能登上 ❷ **霁虹桥**。

沿霁虹街转入地段街，20分钟后，哈尔滨的地标、❸ **圣·索菲亚教堂**从左侧映入眼帘。在广场上喂喂鸽子，然后钻进对面的 ❹ **道里菜市场**吧，那里俨然一座东北小吃博物馆。但若你想找个餐厅好好吃一顿，或者品尝俄餐，接下来的 ❺ **中央大街步行街**也有不少老字号餐厅可选。

餐后在江边的斯大林公园散散步，或许能碰到当地"曲艺表演"，也可以乘船在松花江畅游一番。公园东侧的两座跨江大桥和下面的 ❻ **中东铁路公园**记载着百年中东铁路的变迁。过了铁路桥，抵达偏居一隅的 ❼ **中华巴洛克历史文化保护街区**，这里聚集着不少百年老店，也新生了许多时髦的咖啡馆和酒吧。

39

城市杂谈

哈尔滨与中东铁路

你也许已经发现，不仅是这条步行线路，哈尔滨的许多街道和建筑都与中东铁路相关。中东铁路是"中国东方铁路"的简称，1896年清政府与沙俄签订《中俄密约》试图共防日本，而俄方的条件之一，便是与清政府协定共同修建这条横行中国东北的"中国东方铁路"。

1897年至1903年，以哈尔滨为中心，东至绥芬河，西至满洲里，南至旅顺及大连，总长约2400公里的丁字形铁路干线在中国东北铺展开来，而在铁路沿线两侧的土地以及每个站点，沙俄都享有等同于租界内的所有权利，让中东铁路沿线俨然成为一个"国中之国"。大量的俄国驻军、商人和移民先后随铁路涌入附属地，沿线的大小城镇随之兴起，铁路中枢位置的哈尔滨也迅速从村庄发展成为一座国际大都市，众多风格纷繁的欧式建筑纷纷涌现。

在之后的50年中，中东铁路几易其主，直至1952年，才全线归还给中华人民共和国。时至今日，这条百年铁路上依然繁忙地运行着南来北往的列车。你可以到哈尔滨铁路博物馆详细了解它的故事。

❶ 安重根义士纪念馆

（免费；9:00—11:30、13:30—16:30，周一闭馆）1909年10月26日，朝鲜人安重根因成功刺杀日相伊藤博文而名垂青史，这座纪念馆就设在刺杀事件发生的哈尔滨火车站内。展馆内的时钟停在行刺的9点30分，站台上用瓷砖标示出了刺杀发生位置，透过展馆北侧的玻璃窗就能看见。你可以在这里了解安重根的生平和刺杀事件前后的细节，展馆不大，用半小时参观即可。

❷ 霁虹桥

得名于《阿房宫赋》中的"复道行空，不霁何虹"，这座哈尔滨第一座现代意义的立交桥，是沙俄于1926年建设的，用于运送修建中东铁路的物资。四座方尖塔样式的桥头柱上刻有桥名与建成年份，人行道两旁的绿色栏杆上还保留有象征中东铁路的双翼飞轮形金色徽标。站在桥上即可看出桥面如同彩虹一般的幅度。

❸ 圣·索菲亚教堂

（20元；8:30—17:00，周一闭馆）圣·索菲亚教堂堪称哈尔滨异域风情建筑的代表作。教堂始建于1907年，原是为沙俄修建中东铁路的步兵建设的随军教堂，经过数次改扩建，现在的建筑是1932年落成的，在当时是远东最大的东正教教堂。这座形制严整、风貌地道的拜占庭风格教堂，俯瞰是呈正方形的希腊式十字架形，外观又结合了俄罗斯传统的"洋葱头"造型，加上广场上那些已经被喂得胖胖的不怕人的鸽子，不少人都会在这里拍摄"叶卡捷琳娜大帝"风格的照片。

由于历史原因，教堂内部原貌已不存在，仅剩斑驳的墙绘和复原的吊灯。教堂亦不再履行宗教职能，而作为哈尔滨建筑艺术馆开放，里面展出哈尔滨老建筑的图文资料和城市建设规划。晴天时，阳光透过穹顶的玻璃洒在墙上，若能偶遇一场小提琴或钢琴演奏，如同置身于梦幻殿堂。

❹ 道里菜市场

（8:00—18:00）你可能想象不到，道里菜市场的历史比圣·索菲亚教堂还要悠久。这座始建于1902年的市场前身是"八杂市"（八杂为俄语"市场"音译），俄国、西欧、日本等各国商人在此经营。如今这里不仅是售卖蔬果生鲜、粮油干货等日常生活品的市场，也是汇聚哈尔滨乃至东北特色食品的美食街，建议空腹前来。

可以顺着王氏干炸里脊（小心排队）、鸡西辣菜、韩糕铺、鑫香园蜂蜜营养面包、尹胖子油炸糕等一家一家尝下去，别忘了来杯新鲜格瓦斯润润喉，也可到负一层找张桌子坐着吃。在秋林里道斯、裕昌烧鸡、哈肉联等熟食老字号的档口买点伴手礼也不错。不过这里在旺季饭点可能拥挤得挪不动脚，最好错峰前来。

❺ 中央大街步行街

中央大街旧名"中国大街"，因修筑中东铁路的中国劳工在此居住而得名。1907年哈尔滨开埠通商，俄国的犹太商人捷足先登，在这里开设了秋林、马迭尔等第一批商号，各国侨民随之纷纷入驻。如今的中央大街繁华依旧，沿街保存下来的70多栋风格各异的老洋楼是它的浪漫基因，聚集在此的几家俄餐老店带你的味蕾直抵俄罗斯。雪后晴日或者华灯初上是中央大街最浪漫的时段，夏季常能碰到街头音乐演出。

中央大街的尽头是江边的斯大林公园，高22.5米的防洪纪念塔为纪念成功抵御1957年特大洪水而立。从旁边的几处码头可乘轮渡去太阳岛，也可乘船游松花江。园内还有铁路江上俱乐部和江畔餐厅等俄式建筑，可以一边观景，一边感受这处"民间曲艺大舞台"。

❻ 中东铁路公园

这是一处历史与现代交会的公园。两座跨江大桥从这里飞架而起，东边是建成于1903年的第一松花江大桥，它是中东铁路西干线滨洲铁路上的重要桥梁，也是道里区与道外区的分界线，市民唤它为"老江桥"。2014年，50米外的新桥接替了它的重任。退役的老江桥现在是一座步行观光桥，桥身中间的铁道被封存在一段玻璃栈道下，《情深深雨蒙蒙》《白日焰火》等影视剧曾在此取景。

园内的中东铁路印象馆内再现了中东铁路建设史以及老哈尔滨的华洋商埠和侨民风情，馆前的"黄继光"号机车战功赫赫，馆后还复原了一座中东铁路的站台。

❼ 中华巴洛克历史文化保护街区

北起靖宇街、南至南勋街、西到景阳街、东到南四道街，这四条街所组成的围合区域即中华巴洛克历史文化保护街区。顾名思义，"中华巴洛克"就是中国化的巴洛克建筑。20世纪初，资本充足的华商们开始在道外置地，建起的房屋延续"前店后宅"的四合院结构，但受道里热烈华丽的巴洛克建筑的影响，这些房子的临街一侧也拥有巴洛克式的外立面，细节却用蝙蝠、葡萄、流苏、吉祥结等中式题材点缀，将"中外混血"做到极致。

以靖宇街为界，南侧的街区修旧如新打造成了景区，北侧还保留了一些原汁原味的"真古董"，你可以两边都走走看看。从头道街到九道街散落着不少颇具韵味的历史建筑，可以到南二道街的老道外游客中心拿一份地图挨个造访。

🏠 城市探味

中央大街步行街

来到哈尔滨，自然要尝一下俄餐，中央大街上的马迭尔西餐厅和华梅西餐厅名声在外，如果想逃离排大队的命运，可以尝尝附近的92℃俄式厨房，餐厅小巧温馨，菜品用料实在。若想尝尝地道东北菜，老厨家号称锅包肉的创始者，店内装修充满民国时期的怀旧风情，其他招牌东北菜也能一网打尽，价格还很亲民。

南二道街

哈尔滨还有"逛在道里，吃在道外"一说，中华巴洛克历史文化保护街区的几条街老字号遍地，要是懒得找就认准南二道街。从张包铺（排骨包子里真有骨头）、清真六合顺、范记永到富强大骨棒，一连串的老店供你大快朵颐。

1

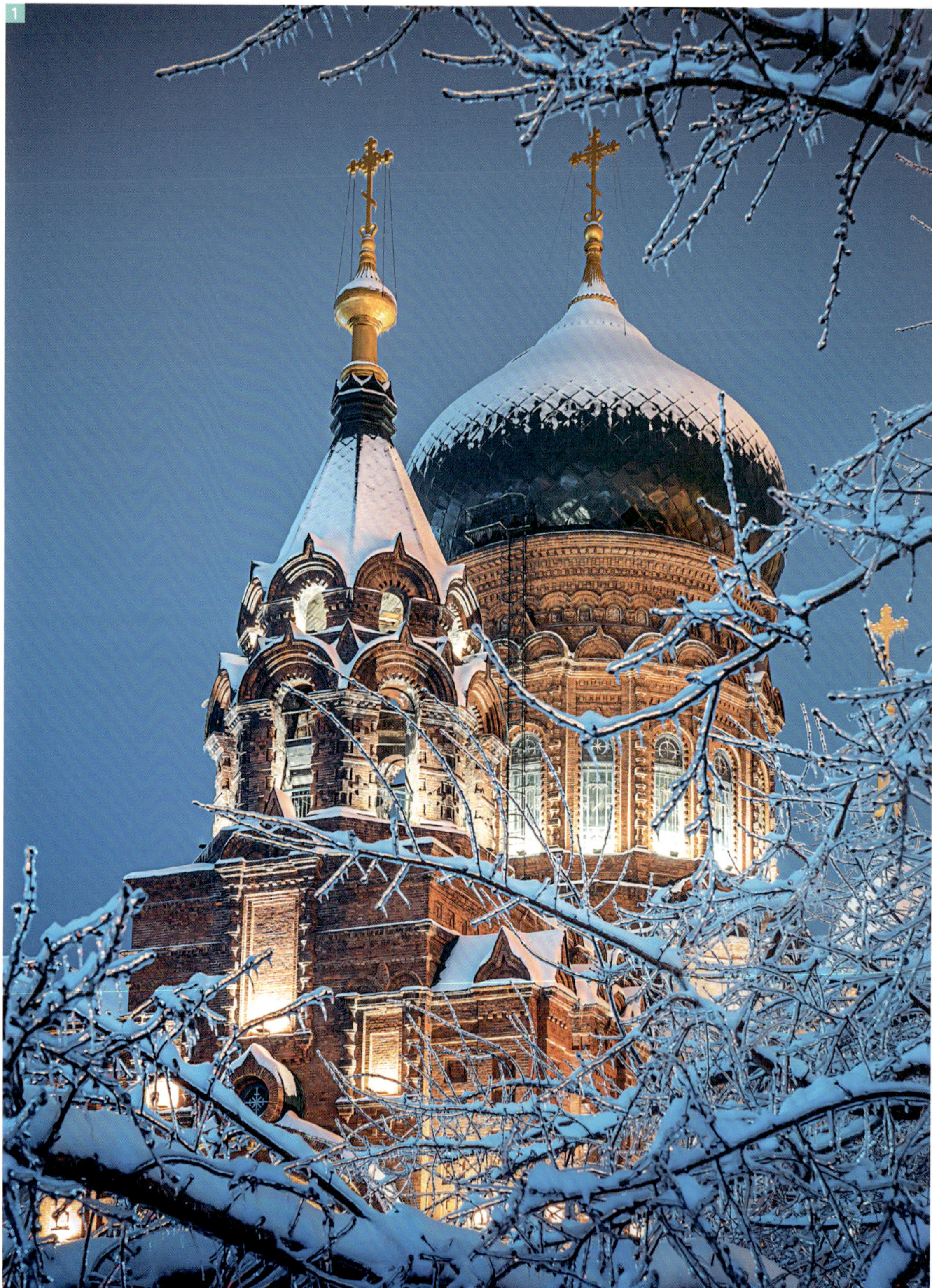

1 雪景中的圣·索菲亚教堂。
2 圣·索菲亚教堂的内部。
3 北京的鼓楼夜色。
4 北京荷花市场的牌楼。

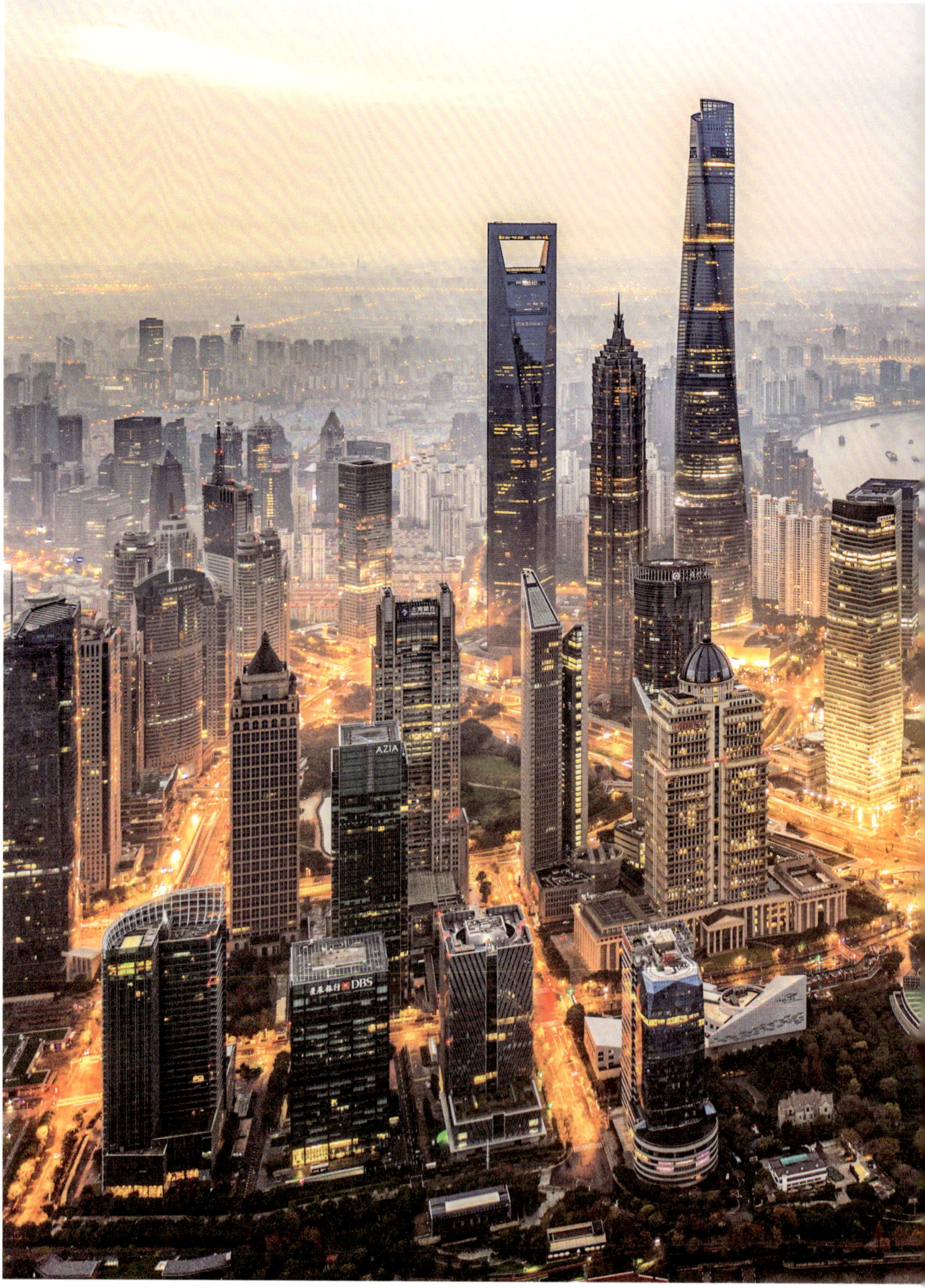
AZIA
DBS

上海·从外滩到苏州河	48
上海·时下"魔都"的流量担当	54
南京·沿秦淮河游老城南	60
苏州·感受"姑苏"的韵味	66
苏州·新旧雅皮之风	72
扬州·绿杨城郭慢生活	78
绍兴·沿着绍兴的河道走	84
绍兴·"三千台门"故事多	90
泉州·在信仰之城与众神相遇	96

上海陆家嘴日出航拍全景。

上海

从外滩到苏州河

　　如果你是第一次来上海，不如就从上海崛起的地方开始，沿着黄浦江西岸走一走，领略百年前远东金融中心的魅力，透过冰冷的建筑肌理，追溯《上海滩》的风云往事，一路走到《繁花》的时代。再转身去看看上海的"血脉"，曾经"臭"名昭著的苏州河经过整治后，形象不断升级，它奋力推进着进度条，也不改生动本色。从外滩到苏州河，便是从上海的门面走进了上海的里子，也从国际舞台上的上海走到了生活家常中的上海。

全程约 4.5km

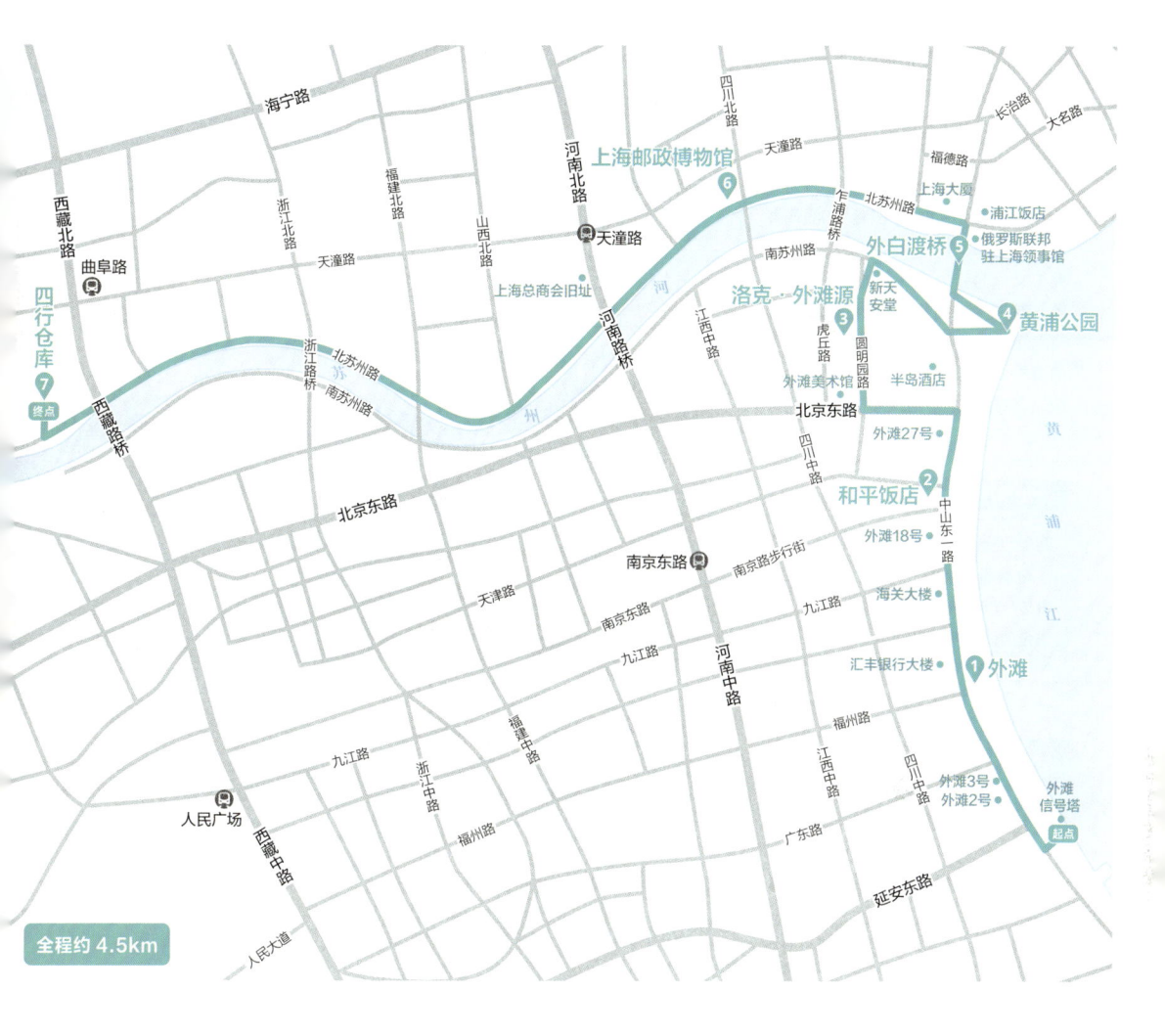

本次步行从黄浦江边的 ❶ **外滩** 起步。外滩信号塔这座洛可可式的纪念碑，曾是远东最高的气象信号塔，在漫长岁月中指引过无数船只进出黄浦江。从南向北，从外滩1号走到外滩29号，欣赏十里洋场的"万国建筑博览会"，古典主义的汇丰银行大楼、效仿伦敦大本钟的海关大楼、装饰艺术风格的 ❷ **和平饭店** 是外滩的三张名片。也别忘了不时看看江对面的陆家嘴，新旧上海的"门面担当"都在你左右了。

从外滩唯一的新建筑半岛酒店转向西，去看看 ❸ **洛克·外滩源** 的历史建筑，从外滩美术馆逛到钟塔高耸的新天安堂，绕回外滩。再去对面的 ❹ **黄浦公园** 吹吹江风，江边视角绝佳，不少东方明珠的宣传照就来自这个机位，苏州河与黄浦江也在此交汇。

然后90°转身，过 ❺ **外白渡桥**，紧贴苏州河而行，路过晨跑的老外和垂钓的老人，以及练舞的"夕阳红"，越往西，生活气息越浓厚。不必走完整条苏州河，走到西藏路桥就可以。站在乍浦路桥上，可将陆家嘴天际线与外白渡桥同框拍下，调转镜头，又见苏州河畔最上镜的 ❻ **上海邮政博物馆**。上海总商会旧址位于河南路桥北侧，有凯旋门式的门面和巴洛克风格的主楼。同为钢结构桥梁、名气不如外白渡桥的浙江路桥，能拍出未来感十足的赛博朋克风。接下来一小段路，没有特别吸引眼球的建筑，但每一家精品店、咖啡馆都能让你迈不动腿。过了西藏路桥，便是本次步行的终点 ❼ **四行仓库**。

49

❶ 外滩

外滩，就是路牌上的中山东一路，南起延安东路，北至外白渡桥，面朝黄浦江，拥有23栋历史建筑，风格涵盖古典主义、哥特式、文艺复兴、装饰艺术等，被誉为"浓缩的西方近代建筑史"。

外滩12号的汇丰银行大楼和13号的海关大楼是建筑群中永远的视觉"C位"。前者被誉为"从苏伊士运河到远

📷 拍摄点

对象： 苏州河映衬下的东方明珠、陆家嘴天际线
机位： 乍浦路桥
最佳时间： 日出

🔲 城市杂谈

推开"外滩"的门

外滩建筑那么美，只是站在外面看看，多不过瘾。别看它们一副高冷做派，其实没那么不近人情，你有三种方式走入其中：

去银行　叫"银行"的建筑大多可以在营业时间自由出入，大大方方进去就是，但在别人工作的地方拍照就过分了。

去看展　一批画廊和美术馆已入驻外滩建筑，例如SGA沪申画廊（外滩3号3层）、久事艺术空间（外滩18号2层）、久事美术馆（外滩27号6层）。

去消费　不管是酒店还是餐馆、酒吧，没有哪里比外滩更懂"老钱风"了，价格不菲，但值！

外滩2号　现为华尔道夫酒店，里面的Long Bar有张34米长的"远东第一吧台"，传说杜月笙常来。爵士乐配爵士风，点上一杯鸡尾酒，氛围感拉满。

外滩3号　外滩建筑商业化的鼻祖，不是黑珍珠就是米其林，但也放下身段推出了价格亲民的工作日午市套餐。

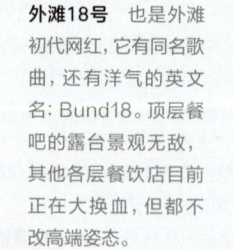

外滩18号　也是外滩初代网红，它有同名歌曲，还有洋气的英文名：Bund18。顶层餐吧的露台景观无敌，其他各层餐饮店目前正在大换血，但都不改高端姿态。

和平饭店　不消费也有机会"溜"进去，不过《繁花》火了后，安保措施相对严格。不走"旁门左道"的话，就预约饭店内博物馆。吃饭消费等级从低到高依次为维克多西饼屋、爵士酒吧、华懋阁下午茶、龙凤厅。

外滩27号　漂亮的罗马拱门内是罗斯福公馆，也是《繁花》中汪小姐工作的地方，里面有多家高档餐厅，顶楼的罗斯福色戒酒吧常年霸榜外滩最佳露台。

50　　　　　　　　　　　　　　　　　　　　　　　　　　　　　　　　　　　　　　从外滩到苏州河

❷ 和平饭店

有着墨绿色金字塔铜顶的和平饭店，是外滩建筑群的成员，也是红到可以脱团单飞的大明星。它最早叫沙逊大厦，建于1929年，主人是当时的上海首富、房地产大亨维克多·沙逊。沙逊大厦曾是上海最高的建筑，大楼内的华懋饭店便是和平饭店的前身，招待过无数名流大亨，在上海滩风头无二。

东白令海峡最讲究的建筑"，大门外的两头青铜大狮子已被人摸得光滑无比，三座罗马式拱门上排列着六根单双相间的爱奥尼式柱，里面还有漂亮的八角形马赛克穹顶。海关大楼钟楼高耸，每15分钟回荡在外滩的《东方红》便奏响自这里。

其他建筑中，维多利亚风格的外滩9号轮船招商总局大楼，像是落户在金融中心的私家别墅；友邦保险所在的外滩17号，顶上的小尖塔和下方的大力神雕像很抢眼；外滩6号中国通商银行大楼的老虎窗、外滩23号中国银行的镂空花窗，是外滩建筑群中唯二的东方元素。

饭店一楼的博物馆向非住店客人开放，但需要预约。若想体验电影里的老上海风采，就去爵士酒吧，这里有一支成立于1980年、队员平均年龄80岁的老年爵士乐队，每天晚上6点，在"老克勒"们的演奏中秒回摩登时代。

> **NOTES**
> 和平饭店如今依然是城里的消费天花板。顶层的沙逊套房一晚房费高达10万元；《繁花》中宝总和爷叔长包的英国套房属于九国套房之一，价格也在1万元以上。

上海　51

❸ 洛克·外滩源

上海开埠后，英国人在黄浦江边建领事馆，因其早于外滩所有建筑，而被视为外滩的源头。名为外滩源壹号的英国驻沪总领事馆旧址，虽早已物是人非，倒是未改初时的容颜，昔日的领事官邸转身成为百达翡丽源邸，巨大的草坪很有英式花园的味道。

在它旁边，苏州河、圆明园路、虎丘路、北京东路合围的街区，历经18年设计和修缮，以"洛克·外滩源"的身份重新亮相。这里分布着十来栋历史建筑，包括传奇建筑师邬达克设计的真光大楼和广学大楼。外滩美术馆（10:00—18:00，9月29日至10月5日至21:00，周一闭馆）也被纳入其中，展览常换常新，但始终保持高水准。大楼本身也是一大看点，它由和平饭店、外滩12号的设计方操刀，太极八卦窗、小篆书写的大楼名、云纹柱头等细节，透露着浓浓的中国风。

❹ 黄浦公园

苏州河与黄浦江的交汇处最早是一片烂泥滩，在"租界"时代，它因处于河岸外，不算作土地，所以仍属于中国领土。1865年，工部局以疏通淤泥的名义，将它填实建了公园，实际夺走了中国对这块土地的主权。之后工部局又欲扩充堤岸，但当时的上海道台寸土不让，最终工部局又为华人建了一座公园，但从此彻底剥夺了华人进入黄浦公园的权利，也就有了影视剧中"华人与狗不得入内"的演绎。

或许是因为这里激起过公愤，上海市人民英雄纪念塔就建在此，三根细长的花岗岩柱子分别象征反帝斗争、抗日战争、解放战争三个时代。

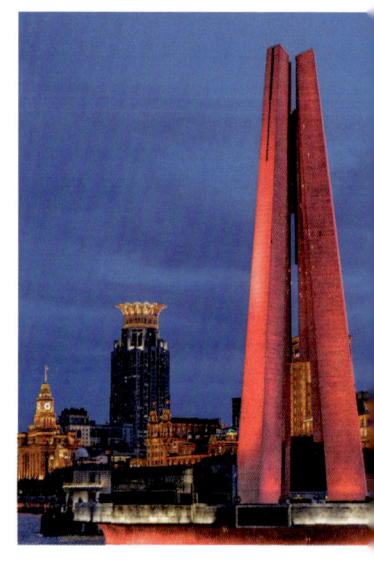

❺ 外白渡桥

外白渡桥在上海人心中，是"外婆的澎湖湾"般的存在。它建于1908年，是中国第一座全钢结构铆接桥梁，新老上海题材的影视剧都爱拍它，最出名的便是《情深深雨濛濛》中依萍的纵身一跃。抛开历史滤镜，它那一身钢筋铁骨无论晨昏、夜景，都无比上镜。

"凸"字状的咖啡色上海大厦位于桥西北侧，1930年建成时名叫百老汇饭店大厦，听名字就能想象它当年有多洋气，只是如今难掩老态龙钟。

另一侧的浦江饭店倒是越发显得年轻了，1860年它就屹立于此，原名礼查饭店，见证过上海很多个"第一"：第一盏电灯、第一部电话、第一个证券交易所……如今内部为中国证券博物馆（免费；9:30—16:00，周一闭馆），华丽的内饰抢尽展品的风头。

浦江饭店前的苏州河畔还有座俄罗斯联邦驻上海领事馆，是兼具巴洛克元素的折中主义风格。

❻ 上海邮政博物馆

（免费；周三、周四、周末9:00—16:00；调研时暂时闭馆中）就算不是博物馆，这座建筑也能凭颜值吸引你驻足。建筑落成于1924年，刚过完百岁寿辰。面朝四川北路桥的东南角是正门，顶端建有钟楼和钟塔。钟塔为巴洛克风格，四角有双圆柱，基座上的两组青铜雕塑，一组来自希腊神话，一组寓意中国近代工业的起步。

内部也很漂亮，双向旋转楼梯、黑白马赛克地砖、奶油蛋糕色的石膏板吊顶等，每一处都很好拍。博物馆的展品内容非常丰富，二楼陈列厅回溯了中国邮政百年发展历程，一楼中庭陈列着大清的邮政马车、第一辆邮运汽车和民国时的邮政列车。

如此环境，如此展品，或许会让你想起木心的那首诗，"从前的日子变得慢，车，马，邮件都慢，一生只够爱一个人"。

❼ 四行仓库

（免费；9:00—16:30，周一闭馆）1937年10月26日，淞沪会战后期，上海濒临沦陷。为了掩护大部队撤离，国民革命军第88师262旅524团奉命留守闸北，420名壮士退守在四行仓库，与日军展开拉锯战，为壮声势对外宣称有八百人，"八百壮士"孤守4日后才获令撤退。2020年上映的电影《八佰》还原了这段历史。

比电影更早呈现这段历史的是建筑本身。2015年，四行仓库建"四行仓库抗战纪念馆"，对战时受火力攻击最猛的西墙进行保护修缮，墙上那触目惊心的8个炮弹洞和430个枪弹孔，就是根据文献档案和老照片真实还原的。纪念馆内详细介绍了淞沪会战和四行仓库保卫战，看完可能会觉得压抑，不妨回到苏州河畔，看看周围热烈绽放的生命，平复下心情。

上海

时下"魔都"的流量担当

在人分三六九等的旧社会,"法租界"是洋人、买办、名流云集的高级区,集中了上海最漂亮的老洋房和公寓。如今这里是"魔都"街拍风潮的宇宙中心。它带着开埠后的法式浪漫,将舶来的文化消解成海派文化;它引领风潮,常逛常新,也用"无痕修复术"留驻旧光阴。对这片街区的称呼,从"原法租界"到衡复风貌区,都不如上海人口中的"梧桐区"来得贴切,因为一个世纪以来,唯有法国梧桐不动声色地静看流年,永不过时。

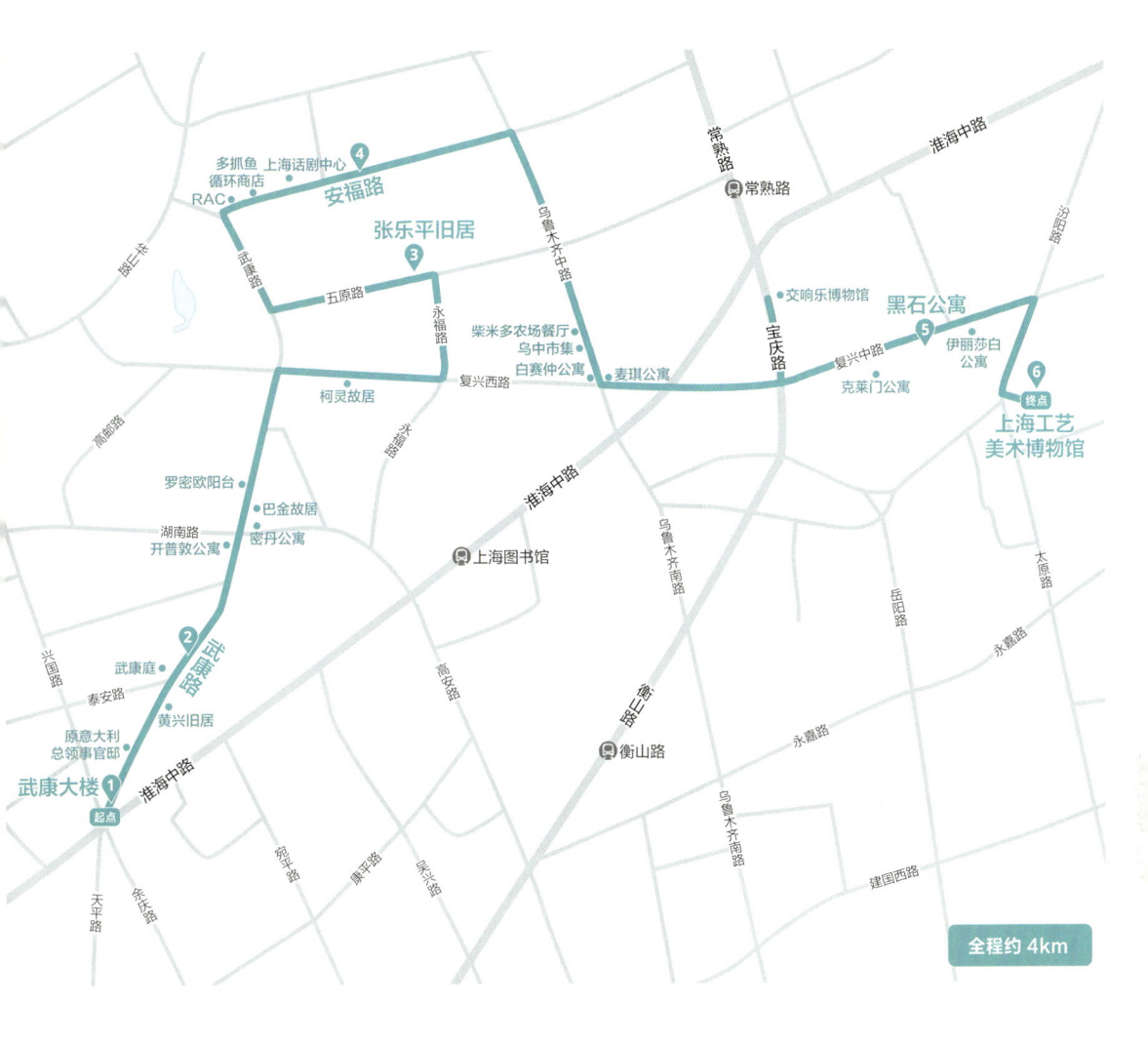

站在❶**武康大楼**前的五岔路口，先为它拍下一张标准照。然后进入全上海最出圈的❷**武康路**，它是上海历史风貌保护的试点马路，64条"永不拓宽的马路"中的首例。没走几步就会看到隔街相对的原意大利总领事官邸和黄兴旧居，后者已改为旅游咨询中心。去一站式吃喝的武康庭溜一圈，喝杯咖啡后继续。开普敦公寓和密丹公寓在湖南路口呈对角相望，两栋楼与武康大楼一样都是三角形，但锐角的处理更刁钻。接下来你会路过巴金故居和罗密欧阳台，随后在复兴西路暂时告别武康路，经过柯灵故居。从永福路转入被《爱情神话》带火的五原路，去参观闹中取静的❸**张乐平旧居**。

再度回到武康路，走到头，便接上了❹**安福路**。一路逛吃到乌鲁木齐中路，这又是一条洋气的马路，连菜市场都走起了ins风，乌中市集那一排墨绿色玻璃门窗，美得很高级，菜场内也一改生猛脏乱的传统印象。

在白赛仲公寓和麦琪公寓相对的路口向东穿过淮海中路，插去宝庆路参观交响乐博物馆，这里曾有"上海滩第一私家花园"的美称。原路返回复兴中路，你会接连经过三座高颜值公寓：法式的克莱门公寓、折中主义的❺**黑石公寓**和现代派的伊丽莎白公寓。最后从汾阳路前往❻**上海工艺美术博物馆**，结束步行游览。

❶ 武康大楼

　　武康大楼是"梧桐区"建筑的顶流，这栋红砖大楼建于1924年，是上海最早的外廊式公寓建筑，由为上海近代建筑贡献半壁江山的邬达克设计。大楼处于两路相交的锐角处，邬达克因地制宜将其设计成了三角形，就像一艘停泊的巨轮，正呼应了大楼的旧名：诺曼底公寓——不是诺曼底登陆的意思，而是为纪念法国战舰"诺曼底"号。

　　20世纪，孙道临、赵丹、秦怡等明星都是这栋楼里的住户，但大明星并没有带红武康大楼，要等到2008年它才等来爆红的机会。当年，环绕在武康大楼四周凌乱的架空线被埋入地下，大楼在蓝天白云下一览无余，几乎是一夜之间，它的美被发现，进而被放大，本地人围观完，又有全国各地的游客为它而来。站在它对面五岔路口红绿灯下的人们，半数不为赶路，只为拍照。

❷ 武康路

　　在电影《色·戒》的结尾，王佳芝叫了辆黄包车去福开森路，那便是武康路的前身。福开森是一位美国传教士的名字，他曾任职南洋公学（上海交通大学的前身）监院，为了方便住在租界的教授们前来授课，出资修建了这条马路。路只有1.1公里长，却坐拥14处优秀历史建筑，保留历史建筑37处，好看的老洋房、老公寓扎堆，三五步就能让你刹一脚。

　　除了路口的武康大楼，它还有很多耐看的房子，扫一扫门前的二维码，读一读老房子的"身世"。里弄改造的武康庭很有欧洲范儿，里面的商铺几经迭代，始终掌握着潮流走向。巴金故居是座装饰简洁的花园住宅，沉淀着一代文豪朴素儒雅的生活，也汇集了他后半生的悲欢。它斜对面的西班牙式住宅，有一个罗密欧和朱丽叶的同款阳台，花篮形铸铁阳台下总有漂亮的"小姐姐"在摆拍。

❸ 张乐平旧居

（免费；周二、周四至周六 10:00—16:00）一条绘满《三毛流浪记》故事的长长里弄，通往一栋朴素的花园式住宅，门口站着真人大小的三毛雕像，这里就是漫画家张乐平生活了40多年的家。

张乐平住在二楼，房间保留了当时的样子，家具都是20世纪七八十年代常见的款式。那间子女房，是1989年作家三毛来沪看望"义父"时入住过的。一楼过去是邻居家，如今改为展厅，100多平方米的空间内，展出了大师的生平和作品，除了最为人熟知的漫画，还有张乐平创作的速写、年画、彩墨画等。

城市探味

RAC

曾有人戏称，武康路周围没有饭馆，全是brunch，意思是不适合过日子，只适合"劈情操"。开在文艺小马路鼻祖安福路上的RAC，就是brunch界的网红鼻祖。这里以法国布列塔尼可丽饼为特色，蘑菇熏肉荞麦可丽饼、牛油果煮蛋吐司点单率最高。也可以晚上来喝一杯，店里葡萄酒很多，全都是有机自然酒，值得一试。

柴米多农场餐厅

坐在菜市场里吃饭这件事，在"魔都"也是时髦的。乌中集市二楼的柴米多，践行"farm to table"理念，食材全来自有机农场，做的是改良版云南菜，例如小锅米线、柠檬草烤猪颈肉、时令野生菌、诺邓火腿比萨、石屏包浆豆腐……店铺不大，是开放式空间，环境很舒服，即使西装革履，坐下也不会感到尴尬。

❹ 安福路

安福路比武康路红得早，它很早就是本地文青心底的白月光了，只不过当年的它低调又安静，每当夜幕降临，从四面八方汇入这条街的人，都是冲着同一个目的地：上海话剧中心。如今的安福路，街拍蔚然成风，满眼皆是打扮入时的潮人、怪咖。区别于武康路，安福路没什么既养眼又家世显赫的房子，沿街商铺才是亮点，它真的很好逛，多抓鱼循环商店、画廊、品牌集合买手店、土耳其地毯店、设计家居店等，不断刷新潮流的上限。

📖 城市杂谈

这几条街也很有料

乌鲁木齐南路 》》》
夏衍故居位于这条路上，这是栋西班牙和英国乡村风格的别墅，有陡峭的红瓦屋顶和淡黄色外立面。隔壁的草婴书房，纪念的是俄罗斯文学翻译家草婴。

泰安路 》》》
商铺不多，马路很低调，藏着百年豪宅小区卫乐园，集合了西班牙、英国、法国式各种风格的洋房，每一户都超美。

永嘉路 》》》
与太原路的交叉口有栋"网绿"大楼，一入夏，就被爬山虎包裹成了"绿野仙踪"。这条路上还有宋子文故居、"禽蛋大王"阮雯衷的故居。

华山路 》》》
夹在复兴西路和常熟路之间的这段，有许多好看的建筑，包括丁香花园内的英国乡村别墅、宋庆龄创办的中国福利会儿童艺术剧院、上海戏剧学院内的德国乡村俱乐部等。

永福路 》》》
全长仅500米，有前总领馆和前电影制片厂的"小白楼"，沿街都是西班牙洋房，自带"白富美"基因。北端连入复兴中路，可以顺便来看看修道院公寓改建的衡复风貌馆。

永康路 》》》
过去沿街就是鸡犬相闻的露天菜场，也没有好看的房子，但它很懂引流，先是转型为东南亚调调的酒吧街，深受老外追捧，后来酒吧变咖啡馆，又成了本地"潮男潮女"的朝圣中心。

❺
黑石公寓

在武康大楼横空出世的那年，复兴中路上也落成了一栋漂亮的公寓：黑石公寓。建筑总体是折中主义风格，兼有巴洛克和古典主义装饰元素。临街一面的二楼弧形大露台最出挑，《流金岁月》《上海女子图鉴》等电视剧中就有它的身影。大露台上下都有科林斯式双柱支撑，门廊两侧的水磨石楼梯很有派头，二楼以上的阳台逐层收缩，最后止于漂亮的山墙。公寓建成时配备了电梯、舞厅、恒温泳池、网球场、屋顶花园和外籍管家，放在今天也属豪宅配置了，不得不叹服：有钱人领先我们一个世纪！

一楼已被改作幸福集荟书店，书店内的咖啡吧就是昔日恒温泳池的位置，白绿相间的马赛克花砖长廊也呼应着二楼以上住户区的公共走廊。黑石公寓从外观到内饰都给人一种低奢感，它不会引来众人围观，就像奢侈品不会成为"网红"店。

❻
上海工艺美术博物馆

（8元；9:00—11:30，13:00—16:00，周一闭馆）这座沪上赫赫有名的"小白宫"建于1905年，是旧时法租界历任总董的府邸，中华人民共和国成立后首任上海市市长陈毅也曾暂住在这里。建筑为法国文艺复兴风格的花园别墅，形如一座小型的白色城堡，采用对称布局，立面处理为明显的横三段和竖三段。中部为凸出半圆形，两座合抱式楼梯通往二楼露台，二楼的门窗为券拱形，配以爱奥尼亚式双柱，三楼门窗则为长方形，立柱线条也更简洁。

建筑内部同样好看，木质天花板的雕刻、大理石壁炉和铺着红毯的大理石楼梯都很古雅。展品也非常出众，二楼陈列着玉雕、木雕、牙雕等精美的工艺品，一楼和三楼则为一间间工作室，你可以现场观摩一件工艺品的诞生。

> **NOTES**
>
> 作为景点，它热度不高，没有熙熙攘攘的游客，可以实现拍照自由，简直是"法租界"的性价比之王。

南京

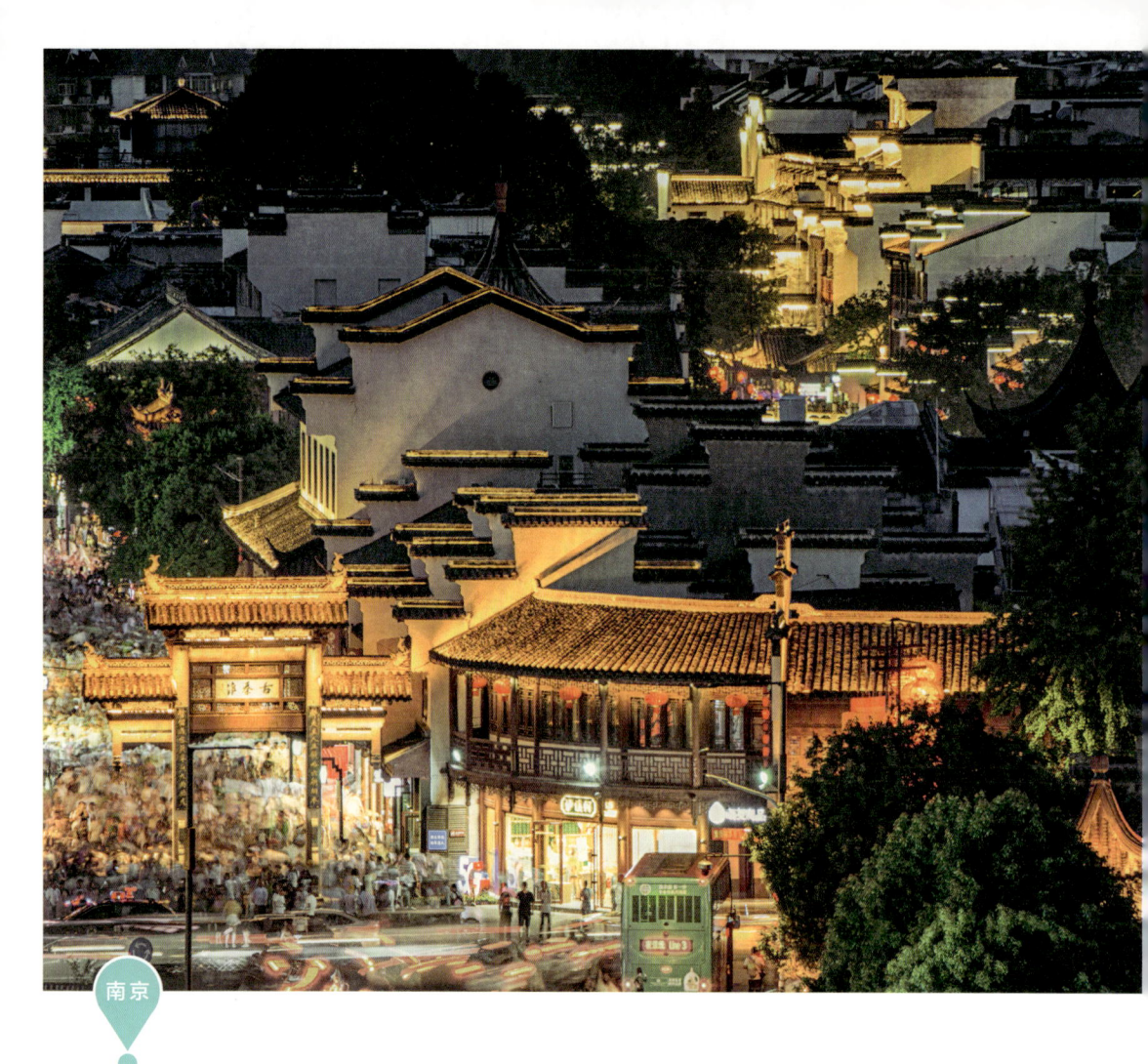

沿秦淮河游老城南

　　朱自清游历南京之后,写下这样一段评价:"逛南京像逛古董铺子,到处都有些时代侵蚀的痕迹。"行色匆匆的旅行者也许很难触及它的内涵,那就到南京最市井也最热闹的老城南来吧,在夫子庙和江南贡院回顾"天下文枢"的辉煌,在蜿蜒的城墙上触摸古都的沧桑,在老门东的街巷寻到"青砖小瓦马头墙,回廊挂落花格窗"的传统民居,在悠悠流淌的秦淮河畔漫步,听它将金陵千百年的悲欢离合娓娓道来……总有一刻,你会看到自己心中的南京,并爱上这里。

从夫子庙地铁站出来往南走5分钟，就来到❶**夫子庙步行街**的东入口贡院街，进入不远就是江南贡院。莫怪这里游人如织，百年前的贡院周边就被这座国家大考场带起了人气。贡院分为一街相隔的南、北两馆，参观完北馆后，穿过贡院街，再从挂着"江南贡院"牌子的南馆沿着秦淮河边的廊道来到泮池码头，码头后面，从"天下文枢"牌坊往北便是夫子庙。

穿过秦淮河上的文德桥，对面就是❷**乌衣巷**。出乌衣巷后直行，穿过钞库街进入大油坊巷，然后就是❸**小西湖景区**的范围了，堆草巷和马道街是最值得打卡的两条街，可以边逛边吃边拍。来到箍桶巷口，牌坊内就是❹**老门东**了。老门东里街巷纵横，按照自己的直觉逛即可，最后从西边的骏惠书屋出，走几步就到了❺**南京城墙博物馆**。

看完了博物馆，就到旁边的❻**中华门**触摸真实的城墙吧。登上城楼，建议沿城墙往西走一小段，看看"门西"更本真的居民区。之后穿过城门，过秦淮河来到❼**大报恩寺遗址景区**，再上大报恩寺塔回望中华门和南城墙。最后从景区南门出，沿晨光大道进入❽**晨光1865科技创业产业园**，附近就是金陵机器制造局厂房遗址和凡德艺术街区，依老照片重修的浅灰色民国风格大门和天坛大佛的佛首，都在应天大街的边上。

全程约 4.5km

❶ 夫子庙步行街

从前是辉煌的"大学城",现在是南京最热闹的旅游区。规模庞大的仿古街区中坐落着夫子庙和江南贡院两大主体建筑。江南贡院(50元;夏季9:00—22:00,冬季9:00—21:00)始建于南宋,是中国历史上规模最大、影响最广的科举考场,明清两代的名人唐伯虎、郑板桥、施耐庵、吴敬梓、陈独秀等皆出于此。贡院北馆现为科技感十足的中国科举博物馆,在这里了解科举制度发展的同时,不妨看看自己能不能通过乡试和会试的考验。江南贡院的核心建筑、始建于明朝的明远楼和原址复原的考试号舍均位于博物馆的出口。

"天下文枢"牌坊内,便是始建于东晋的夫子庙(30元;夏季9:00—22:00,冬季9:00—21:00)。在夫子庙前的泮池码头可乘画舫船游览秦淮河,船行两岸设有雕塑和布景,入夜灯火闪烁。游船分东西两条线(东线日游100元/人,夜游120元/人;西线在得月台下阶梯购票,140元/人),东线会深入游览白鹭洲公园水系,还能一览东水关城门,景观更丰富。

❷ 乌衣巷

"旧时王谢堂前燕,飞入寻常百姓家"就出自刘禹锡的《乌衣巷》。而今燕子和百姓家都已不再,巷子里建起了王导谢安纪念馆(8元;9:00—17:00),馆内展示了六朝文化艺术与王、谢两家的家族谱系。出乌衣巷口向左是称为"媚香楼"的李香君故居陈列馆(10元;夏季9:00—22:00,冬季9:00—21:00),可以了解这位明末"秦淮八艳"之一的生平事迹,看看她曾经的生活场景。

沿秦淮河游老城南

❸ 小西湖景区

夹在熙熙攘攘的夫子庙和老门东之间，小西湖暂时还保留着几分宁静。这片年久失修的老旧街区在2015年的微改造后，成了"老城保护的美丽样本"——保留着传统空间格局的老街巷间，装点了一些前卫的艺术装饰，也入驻了数量有限的文艺店铺与咖啡馆，现代时尚感与市井烟火气在此交织相融，但更多的还是朴实的生活气息。大油坊巷、堆草巷和马道街都可以逛逛。

❹ 老门东

自朱元璋建城以来，中华门城墙内一带就是南京传统民居的聚集地，并以中华门为界分成了"门东"和"门西"。经过打造的老门东历史文化街区是门东的一部分，虽然几条主街已满是商业气息，但迷宫般的小巷中依然有古意可寻。

金陵书画院（免费；9:00—17:00，周一闭馆）就在景区内，一层的老城南记忆馆是了解老城南市井生活和历史变迁的好地方。东边还有清朝私宅芥子园（15元；9:30—16:30，周一闭馆）和南京越剧博物馆（免费；9:00—17:00）可以参观。西边的三条营是小吃美食的聚集地，西南角的骏惠书屋位于清雅的徽派院落内，无论建筑本身还是里面的文创产品都令人流连。

🏠 城市探味

三七八巷市场

老门东和夫子庙之间的三七八巷市场是最接地气的小吃集中地（缺点是大多不设堂食），由三七八巷、磊功巷和木匠营三条街组成。三七八巷牌坊内的南京第一蜜汁藕是瑞金路老字号的分店，隔壁的卢姐什锦菜也开了30多年。磊公巷口红色招牌的正宗上海陆记熏鱼值得打包一盒。木匠营里的小陈瘦型鸭子店、巧手馄饨和广福源汤包都是街坊最爱，但后者无论何时都人满为患，而且过了中午卖完就关门了。

三条营

老门东的三条营西段也聚集了不少小吃。与许多景区内良莠不齐的美食街不同，受邀到这里来开分店的大多是南京城里口碑一流的老字号，如小郑酥烧饼、蓝老大糖粥藕、蒋有记、陆氏梅花糕、鸡鸣汤包等，品质有保障。

南京　　　　　　　　　　　　　　　63

城市杂谈

金陵鸭肴甲天下

南京自古盛行以鸭制肴,据《吴地记》记载,当地养鸭的历史可追溯至春秋战国时期,六朝时的盐水鸭已是知名菜肴,到了明朝还上了各级官员的礼品单。后来,金陵烤鸭随着朱棣迁都传入北京,京城第一家烤鸭店"金陵片皮鸭"就是后来的"便宜坊"。

地处江南水乡,这里所培育出的鸭子体形健美、肥瘦适中,因此成为南京人餐桌上的常客。南京人也从吃鸭的悠久传统里吃出了心得:盐水鸭清香,春夏合适;烤鸭味浓,秋冬相宜;酱鸭和香酥鸭,滋味与口感各有妙处;而南京小吃的代表作——鸭血粉丝汤最能发挥鸭肉的食疗作用。

不过,要是问当地人南京哪家店的鸭子最好吃,他们大多会告诉你自家附近的就不错——据不完全统计,南京的3000多家鸭子店每年给南京人提供1亿多只鸭子,加上南京人吃鸭嘴刁,不好吃的早就倒闭了(景区鸭店除外)。章云板鸭、桂花鸭等连锁店确实有名,但本地人一般不会舍近求远,除非要送给外地亲友,才会专程跑一趟。

❺ 南京城墙博物馆

(免费;9:00—17:00,周一闭馆)南京城墙是明朝开国时修筑的都城城墙,由内到外分为宫城、皇城、京城和外廓共四重。现在城市中留存下来约25公里的城墙为京城城墙,因顺山水地势而建,曲折不成方形,但仍是国内所有明城墙的范本,城墙总长度也是世界第一。

走进博物馆,列阵排开的700多块城砖带来震撼的视觉冲击。你不仅能细细阅读每块城砖上的砖文(找找明朝刘德华筑的墙砖吧),洞察城墙屹立650年不倒的秘密;还能通过沙盘、场景复原以及精美的出土文物,了解城墙修建的过程和南京城的历史变迁。

> **NOTES**
> 文创商店有免费纪念章可以盖。

❻ 中华门

(日场50元,夜场不含/含光影秀50/90元;日场8:30—17:30,夜场4月至10月至22:00,11月至次年3月至21:00)这座拥有三道瓮城、以四座拱门贯通的宏大堡垒,是旧时南京城的南大门,也是南京明城墙13座城门中保存最完好、规模最宏伟的一座。它的瓮城上下共有27个藏兵洞,平时可储粮,战时可藏兵。登上城楼,几个主题展览讲述了南京城墙和中华门的历史渊源。以中华门为中心,从东水关到集庆门的南城墙是唯一一段可以骑行和乘观光车游览的城墙。秦淮河在城墙根前缓缓流淌,东边是高耸的大报恩寺塔和老门东,西边则是由双子塔引领的南京河西新区的城市天际线。

> **NOTES**
> 中华门每晚有三场沉浸式的灯光秀(周二停演),数百年的历史在城墙的光影中娓娓道来,每季时间不同,建议现场咨询购票。

沿秦淮河游老城南

❼ 大报恩寺遗址景区

（90元；8:30—17:30）永乐年间，明成祖朱棣为报母恩，用19年时间修建了大报恩寺。寺内的一座高80米、极尽华丽的琉璃宝塔一直被西方看作是中国建筑的标志，却倒在了清末太平天京事变的炮火下。2008年，为复建大报恩寺塔而进行的考古发掘中，不仅出土了一套完整的大报恩寺塔琉璃拱门构件（现存南京博物院），还意外发现了塔底的地宫，让世界独一无二的佛顶骨舍利（现供奉于牛首山的佛顶宫）再现于世。

如今的遗址景区如同一处极具设计感的艺术空间，原址保护的大报恩寺的建筑基址和众多地宫的出土珍品，被恰到好处的灯光和布景营造得美轮美奂。一座起象征作用的轻质九层塔立于遗址中心，塔底复原的地宫中供奉着出土的感应舍利，也可乘电梯登顶一览南城风景。

拍摄点

对象：大报恩寺塔
机位：大报恩寺遗址景区外"南京书"
最佳时间：全天

❽ 晨光1865科技创业产业园

从李鸿章于1865年洋务运动期间所建的金陵制造局，到2006年晨光集团厂区外迁，隆隆的军工机器在这里运转了140多年。如今的园区里分布着50余栋从清末到20世纪60年代的老建筑，最古老的可追溯到1866年建的机器正厂，里面的金陵兵工展览馆展示了厂区百余年的历史变迁以及近代中国民族军工业的崛起历程。园区南边，国民革命军兵工专门学校旧址所在的法式小白楼、复建的灰色民国风格门楼和晨光机器厂承制的天坛大佛法像都是园区中的亮点。

园区西边的老厂房现在被改造成凡德艺术街区，北边则多为文创和科技公司的办公区域和酒店。在晚清的工厂招牌、建国初期标语和百年间的各种建筑间行走，不时与外卖小哥和白领擦肩，有种时空的错乱感。

苏州

感受"姑苏"的韵味

如果说园林与水乡是江南的两大标签,苏州古城的东北便是江南的缩影,这里集中了苏州最好的园林,保留了宋代以来的格局。如今,粉墙黛瓦下生出了文艺范,百年古建被新业态盘活,它藏下了"半部江南史",也书写着新江南。漫步在青石板路上,三步跨过两桥,路过古井,路过老宅,每一步都踩在"姑苏"的韵脚上。走累了,就去书场里听一段评弹,或坐在河边石凳上,听摇橹船夫哼着吴语小调由远及近缓缓而来。

从苏州古城的制高点 ❶ **北寺塔** 出发，一路向东，远远就能看见 ❷ **苏州博物馆** 标志性的几何形坡顶，去那里迎接建筑盛宴。参观完苏州博物馆后，去隔壁的苏州园林博物馆恶补一下园林知识，再隔壁就是 ❸ **拙政园**。转入园林路，可顺道去苏州民俗博物馆领略江南的民俗，再进 ❹ **狮子林** 参观。从狮子林巷转入 ❺ **平江路**，看到各种旅拍的游人，代表你已进入苏州最火的街区，过了白塔东路就是平江路的核心区域。

脚步不要局限于平江路，两边的小巷生活气息浓郁。沿大新桥巷走到底，路过仓街时留意下街口的民国双眼井，再往前就是 ❻ **耦园** 了。其他巷子里有几座免费的博物馆，藏身于老宅，都有至少一两处非常出片的园林小景，而且没有嘈杂的游客。卫道观前巷的潘宅现为苏州城建博物馆，内容并不像名字看起来那么枯燥。大儒巷的苏州平江文化中心，每天下午1点是票友时光，花10块钱可以听两小时评弹。中张家巷里的苏州评弹博物馆每月上旬也有评弹演出，再往前几步是中国昆曲博物馆，设在遗产点全晋会馆内，古戏台藻井的"鸡笼顶"设计自带混响功能，余音绕梁全靠它。当你走到平江路尽头，看到一块复制的《平江图》碑刻，便到了此行的终点。

67

❶ 北寺塔

（免费；8:00—16:30）不妨以你的眼睛为尺，抬头测量下苏州古城的高度，你会发现这里看不见一座摩天大楼。别意外，在被护城河圈住的14.2平方公里的古城范围内，天际线属于一座76米高的古塔，这是世代苏州城掌门人的默契：城市可以变，房子可以增建，地面标高绝不可逾越，以此守住"姑苏"的格局与气韵。

砖身木檐的北寺塔为八角九层，始建于南北朝的梁代，在南宋重建，是苏州最高的古塔。塔下的报恩寺历史更悠久，相传是三国时孙权为报母恩建的，楠木观音殿的南面廊檐下有一幅《姑苏繁华图》，可以一窥200年前的姑苏城景。秋日，寺内黄墙映衬着银杏与红叶，是北寺塔一年中最美的时刻。

❷ 苏州博物馆

（免费，需在微信公众号"苏州博物馆"上预约入场，最早可提前8日；9:00—17:00，周一闭馆）如果古建从未与时代脱节，与时俱进地伴随我们的生活，那么江南园林一路走到今天应该是什么样子？华裔建筑师贝聿铭用其代表作苏州博物馆给出了标准答案。他以简洁的直线条勾勒轮廓，用片状假山代替太湖石，以黑白灰的色调呼应粉墙黛瓦。看似没有园林的元素，却处处透着园林的意境，古典美经现代设计被激活。藏品也不逊色，从出土文物到手工艺品，无不风雅。

除了贝聿铭设计的建筑，博物馆还有一半属于太平天国时期李秀成的忠王府，虽为全国重点文物保护单位，但明显魅力不足，大多数人只是在离开时匆匆一瞥。

📷 拍摄点

对象：苏州博物馆
机位1：中庭花园，拍摄北墙的片石假山和博物馆主楼的倒影，采用对称构图
机位2：争伯春秋和锦绣江南展厅的六边形窗户，两扇窗中间有棵石榴树
机位3：草堂墨戏展厅的竹林方窗
最佳时间：9:00-10:00、15:00-16:00

❸ 拙政园

（80元；7:30—17:30，11月至次年2月至17:00，除过年外的法定假期至18:00）放眼江南甚至全国，它都是园林界的头牌，但游人实在太多，务必一开园就冲进去，早起失败者不如舍弃，因为晚半个小时进去体验感都会差很多。

拙政园自明代建成后，多次易主，先是少庄主一夜豪赌输光了家产，接手者又是"富不过三代"，将园子一分为三，逐一变卖，吴三桂的女婿、李秀成、李鸿章都曾拥有部分"产权"。各业主依各自喜好对园子一通"爆改"，这才有了拙政园如今多样的风格，例如田园风十足的东园，就源于昔日园主喜欢种菜。

水是拙政园的灵魂，移步易景却总见水，一半建在水面上的鸳鸯厅、有流水飞廊效果的小飞虹，都是苏州园林中的孤例。鸳鸯厅四角的四个耳房也很独特，平时是下人们听候使唤的地方，有戏子入园表演时就用作后台。

城市探味

吴门人家·苏宴宫廷菜

若非老饕指点，很多人都摸不到吴门人家的门路，只能坐在普普通通的环境里，吃普普通通的流水菜系。它家还有张隐藏菜单，做的是宫廷菜，虾油炒虾仁、鱼油炒河鳗、茭白做成白兰花，甚至还有《史记》里提到的鱼藏剑……想体验皇帝用餐的规格，你最好能凑齐一桌人，并提前几日订台（预订电话：0512-6728 8041）。

裕兴记

赫赫有名的三虾面就是裕兴记首创，但要到6月梅雨季才好吃。其实裕兴记更早成名的是两面黄，面炸得金黄，铺陈在青花瓷盘子里，上面淋上虾仁、鳝丝等浇头。这么养眼只是上桌时的仪式感，正式开吃得先大胆破坏它的卖相，把面翻个底朝天，翻江倒海地拌，直到面条吸饱汤汁，变得外脆里嫩。

牵市咖啡

挨着平江路，却没沾染上平江路的浮躁与喧哗，从其生僻的店名（牵念dá）便能看出店主不走寻常路的用意。咸Dirty是他家特色，手冲咖啡的口碑也很好。门头上有大片的紫藤，还有一只黑猫作陪，春天花开时，坐在树下慢慢等咖啡，再慢也不嫌。

苏州　69

❹ 狮子林

（40元；7:30—17:30，11月至次年2月至17:00，除过年外的法定假期至18:00）论名气，它排第二；论看点，此园假山独霸园林界。它还有皇帝"背书"，乾隆皇帝五次游狮子林，不但为其题诗、赐匾，还在圆明园和避暑山庄仿造了两座狮子林，民间更津津乐道的是他在假山中迷路的故事。

狮子林的假山群是中国所有园林中最大的，其中三分之一为旱假山，三分之二为水假山，找不出两块一模一样的石头。之所以叫狮子林，因为你能从中数出九头"狮子"。之所以会让乾隆迷路，因为假山洞实在多，七弯八绕中，一洞连一洞，一洞套一洞。也许皇帝没有真迷路，可能就是享受捉迷藏的乐趣，所以才御笔题写"真有趣"三个字，后为求雅，去掉"有"，变成了真趣亭里那块金闪闪的匾额。

NOTES

狮子林和贝聿铭也有渊源，这里曾是其叔祖父上海颜料巨商贝润生的家业。

城市杂谈

一座古城，半城园林

江南园林多出自古代文人之手，他们大隐隐于市，以园林寄托退思情怀，关起门来在自己营造的木石林泉中玩雅集，不出世就能轻松实现诗意栖居。

园林空间有限，却能藏山纳水，靠的是各种"借景"艺术和"造假"手法。例如拙政园刻意拉伸池水的视觉长度，将1公里外的北寺塔"借"入自家园林内。更常用的手段是以漏窗借景，窗即画框，窗外有景，空间似隔非隔，而雕镂成冰裂纹、龟背纹、书条纹、葵花纹等的花窗本身已自成一景。风流才子皆爱游山玩水，山搬不进家中，就用太湖石堆叠出座座假山，一方山水小品便有了。

园林通常为东宅西园或前宅后园的布局，宅为生活起居，园为陶冶情操。鸳鸯厅作为几乎每个园林的标配，为一屋两翻轩结构，屋中间以一道飞罩或屏门分隔出两个小厅，一半为男厅，一半为女厅，两个厅的梁架、铺地、花窗及家具等都有区别，空间较大、雕梁画栋更精细的是男厅，卧榻则为女厅专属。

园林是苏州最重要的文化遗产，它体现着江南的含蓄和才子的审美情趣，读懂园林，就更容易读懂江南。

❺ 平江路

苏州古城已经够古老，平江路更是活化石般的存在。根据路南端的《平江图》碑刻（复制品，原碑保存在苏州文庙）显示，以平江路为核心的整片街区，其水陆并行、河街相邻的棋盘式格局，自宋代就没怎么变过。

这条路全长1.6公里，随处可见小桥流水人家。17座古桥跨在平江河上，有平梁桥、石拱桥、廊桥等多种形式，并有三组呈犄角状的"双桥"，从此桥走到彼桥，你就能体会常用来描述江南水乡的"三步并两桥"之意。

早上7点前的平江路最静美，石板路刚洒过水，古色古香中洋溢着清新文艺的调性。之后，游人涌入，商家拉开阵势，有点挤也有点吵，不如就跟着逛吃吧。想玩旅拍？何不先去沿街的旗袍店里淘一件衣服。你也可以去伏羲昆曲馆，点一壶香茗，在温婉缠绵的曲风中暂时撇开烦嚣。

❻ 耦园

（25元；7:30—17:30，11月至次年2月至17:00）耦园的前身为涉园，取名自陶渊明《归去来兮辞》中"园日涉以成趣"。清同治年间，官场失意的沈秉成携妻归隐，买下涉园废址，改名耦园，以"藕"寓意"佳偶"，并一改常见的前宅后园或东宅西园的格局，采用宅居中，东、西各配一个花园的格局，暗合"偶"字。东花园中保留了"涉园"时期的黄石，西花园则以太湖石造山。东花园的走廊名筠廊（筠谐音"君"），西花园的走廊名樨廊（樨谐音"妻"）——你看，即使在男尊女卑的封建社会也不缺"狗粮"。

当年，爱写诗的女主人写下"耦园住佳耦，城曲筑诗城"的楹联，她在池边抚琴，他在亭中听音，两人过着琴瑟和鸣、比翼双飞的生活。难能可贵的是，如今的耦园，离热闹的平江路不远，虽身处闹市，却守住了一方清静。

苏州

新旧雅皮之风

　　苏州古城的南半部分，就如苏绣中的双面绣，有市井，有雅集，上一秒你还沉浸在吴侬软语的生活日常中，转个弯就已身处潮流最前沿。这条线路汇聚了苏州园林第二梯队的成员，面积小一些，也更写意，正好装得下才子士绅们无处安放的审美情趣。走出园林，你就从古代文人雅士的姑苏一脚迈入了现代文艺青年的苏州。"网红"店挨着老字号，求新求变与"不时不食"，谁也不抢谁的风头。你会欣然接受这种对立，因为苏州的魅力，自古离不开雅俗共赏。

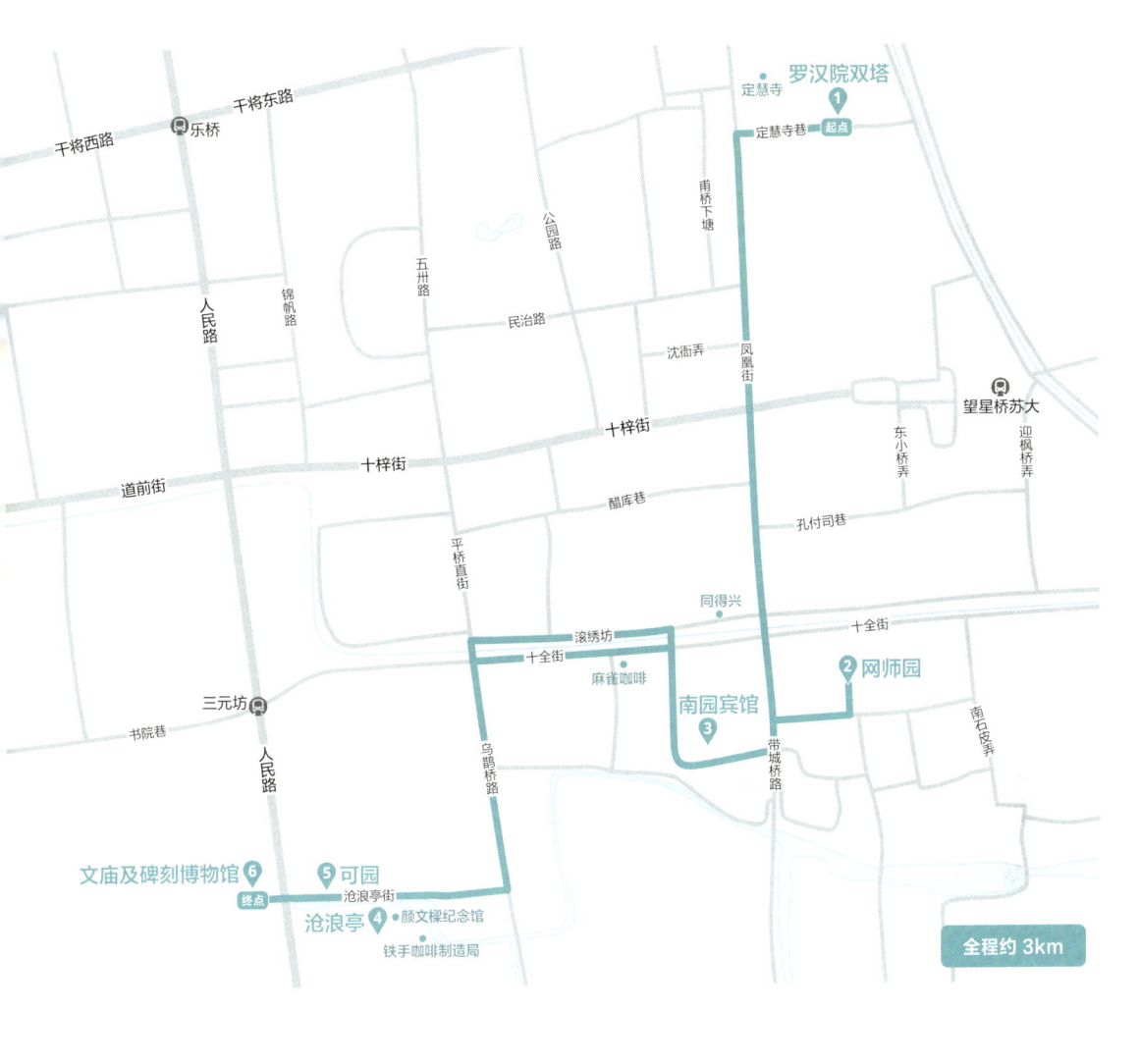

从安静的定慧寺巷出发，❶ 罗汉院双塔和定慧寺就夹在被柴米油盐充斥的民居中。然后沿着餐馆云集的凤凰街一路向南，看到 ❷ 网师园 的指示牌后，再度进入逼仄的小巷，参观完重新回到大马路，往南走几步，从 ❸ 南园宾馆 的东门进，北门出。

接下来，你有两个选择：图安静就走滚绣坊，喜欢热闹就走十全街。两街仅隔一条三四米宽的小河，随时可以过桥切换。曾经的滚绣坊清新又文艺，如今"网红"的风已吹往别处，这里清冷了许多。宋时巷口有间衮绣坊（最高级官员礼服的定制作坊），后来，"衮"讹传为"滚"，巷名由此而来。昔日巷内住了不少名门望族，民居门前还保留着抱鼓石。十全街初名"十泉街"，后因乾隆帝下江南曾在此上岸，便跟着其晚年自号的"十全老人"而改名。十全街是条美食街，网红店来去如风，屹立不倒的老字号也应市场之需，延长着"不时不食"传统的周期，市井又时髦，从容又追赶，便是这条街的气质。

在十字路口转入乌鹊桥路，这里有时下苏州最时髦的打卡点，聚集着全苏州的"潮男潮女"，街两边的店铺颜值都很高。穿过一〇〇医院，很快，你就会看到对岸的罗马式建筑颜文樑纪念馆和沧浪亭内一段漂亮的水榭环廊。与 ❹ 沧浪亭 隔街相对的是 ❺ 可园，继续往前走，过马路就是 ❻ 文庙及碑刻博物馆，便到了此行的终点。

❶ 罗汉院双塔

（8元；8:00—16:30）如果不是亲眼见到双塔本尊，你可能很难相信，在烟火气十足的居民巷内，还藏着北宋的建筑遗构，而且它不但上镜，还很清幽。双塔结构相同，为七层八角楼阁式，塔身纤细秀美。二层以上腰檐反翘，层层收缩。塔刹尤其突出，为锥形，高8米多，占了塔身的四分之一。

双塔北边的一片废墟便是罗汉院的正殿，毁于清咸丰年间，如今仅剩十几个残柱和柱础，檐柱上的雕刻十分精湛，榫卯槽也清晰可见。这里也是苏州石刻博物馆，展品不算多，但集合了宋元明清各朝代的石刻作品，值得一赏。

> **NOTES**
> 两座塔相距20米，高差仅0.4米，也因此在民间被称为"兄弟塔"或"姑嫂塔"。

❷ 网师园

（40元，夜游120元；7:30—17:30，11月至次年2月至17:00）网师园由南宋一位官场失意者始建，在清代一位退隐官员手中修成正果。此地面积不到6000平方米，却"塞"进了几乎所有园林元素，还做到了园中套园，非但不拥塞，中间一汪池水还衬出了敞亮感。这汪碧池写意脱俗如国画小品，池水为方，倒映着粉墙黛瓦，四周廊宇曲直迂回，东南角以一座斜切的袖珍石桥进行空间分割，既有层次，过渡又丝滑。

网师园也是最早扬名国际的苏州园林，早在1979年，园中的殿春簃就被

> **NOTES**
> 3月中旬至11月中旬，网师园开放夜游。穿梭在昆曲等传统曲艺的实景演出中，别是一番"游园惊梦"。

1:1复制了去了美国纽约大都会博物馆。东部宅院的"藻耀高翔"砖雕门楼不说是冠绝江南园林,前三名至少有其位,早春几支白玉兰探出,为古朴的砖雕添加一抹清丽。

📷 拍摄点

对象:网师园
机位:花园水池,拍摄两栋粉墙黛瓦的池中倒影,采用对称构图
最佳时间:15:30-16:30

③ 南园宾馆

南园宾馆的前身是蒋介石的花园别墅,蒋介石的第二位夫人及其子蒋纬国曾在此居住,六栋小楼中,丽夕阁便是昔日的"蒋公馆"。20世纪六七十年代,林彪多次入住南园,并修建了后称为南园"行宫"的地下指挥中心,在此秘密炮制震惊全国的"五七一工程"纪要,"五七一"取自"武起义"的谐音。"五七一工程"遗址就在丽夕阁旁边,入口处停着一辆红旗轿车,是当年林彪的专车,斜对面是始建于明代的善庆禅院。如今,南园宾馆作为一座园林酒店,遍布假山、回廊、亭台楼阁等园林元素,本身也很好看。

🍴 城市探味

铁手咖啡制造局

来自北京的"铁手"与沧浪亭共享一片河景,室内又是南洋复古风,环境好得没话说。拉杆式咖啡机是"铁手"的最大特色,咖啡出品稳定,冰博克Dirty是主打,荷包蛋特调是特色,抹茶的拉花好看得令人不忍下嘴。

麻雀咖啡

红了很多年,人气依然居高不下,号称"苏州咖啡三巨头"之一,虽不见得让人心服,但至少能挤进全苏州前十之列。咖啡不错,宽大的户外空间非常舒服,唯一的缺点是人太多。

同得兴

同得兴最无可争议的一碗面是枫镇大肉面,以猪骨、鳝骨、螺蛳熬汤,加入酒酿吊香,面汤清澈鲜滑、白糟粒粒,一块肥瘦相当、带着淡淡酒香的焖肉入口即化。不过这碗面仅在5月至9月限时供应,其他时间来建议点白汤面加白焖肉,虽然少了酒酿"提炼",焖肉照样细腻酥烂,好吃到颠覆你对一块五花肉的认识。

苏 州　　　　　　　　　　　　　　　　　　75

城市杂谈

跟着苏州人"不时不食"

姑苏城内,四季流转写在城市的脸上,也铺陈在餐桌上。"不时不食"最早由孔子提出,也就是说时令决定了当季吃什么。时至今日,在全球化、速食化的大背景下,只有苏州人仍在认真贯彻这四个字。

以蔬菜为例,春天得吃枸杞头、马兰头、荠菜头、香椿头、苜蓿头、豌豆头、小蒜头、菊花脑组成的"七头一脑",秋天从田野转入水中,轮到茭白、莲藕、水芹、芡实、慈姑、荸荠、菱角、莼菜组成的"水八仙"上场。红烧肉在苏州只是一个统称,分别有酱汁肉、粉蒸肉、扣肉、酱方四款对应春夏秋冬四季。

作为游客,不太可能吃得这么精细,记住几条时令规律即可:春天来苏州,要尝尝腌笃鲜;初夏的黄鳝最好吃;5月至9月吃面要点枫镇大肉面;9月别错过一期一会的芡实(鸡头米);湿冷的冬季,藏书羊肉最适合驱寒。至于火出圈的三虾面,天气乍暖各家面馆就推出了,实际上要到梅雨季才进入最佳赏味期。吃面的时间也有讲究,真正的老字号只做到午中,而真正懂吃的老饕可是会赶早去吃一碗头汤面的。

④ 沧浪亭

(20元;7:30—17:30,11月至次年2月至17:00)江南园林中,属沧浪亭年纪最大,也最风雅。它最初为五代吴越王外戚的花园,北宋时诗人苏舜钦用四万贯钱买下园子,取《楚辞》中"沧浪之水清兮,可以濯吾缨"而建亭。从此,沧浪亭便自带诗意,《浮生六记》中的沈复和芸娘就常来沧浪亭吟诗作对。

沧浪亭被誉为"城市山林"的典范。未入园先见景,一泓清水绕园而过,一条蜿蜒的复廊打破了高墙深锁的格局,参天古木、复廊花窗、亭台水榭向园外过路人展露无遗。复廊外临水,内面山。山是园内一座草木葱茏的山丘,沿石径上下,恍若置身山野。整个园子共108个漏窗,无一雷同。步行其间,不但山水尽收,也能欣赏到阳光疏影横斜出的不同意境。沧浪亭之雅,楹联"清风明月本无价,近山远水皆有情"诠释得最为贴切。

⑤ 可园

(25元;7:30—17:30,11月至次年2月至17:00)可园是苏州现存唯一的书院园林,曾是沧浪亭的一部分,后几经易主,直到清朝独立成园。嘉庆年间,可园内建书院、造藏书楼,藏书一度超过8万卷。可园还是苏州最晚向公众开放的园林,园内布局疏朗,没有一块太湖石,假山堆叠全部采用厚重、平整的黄石,这也是可园的最大看点。

❻ 文庙及碑刻博物馆

（免费；9:00—16:30，周一闭馆）

北宋时，范仲淹创办苏州文庙，后经多次增修扩建，规模居东南诸学宫之首，2001年被列入第五批全国重点文物保护单位。古朴气派的棂星门后，六株古银杏夹道通往大成殿，最老的一株已800多岁高龄。每年银杏季，片片银杏随秋风起舞，落在孔子铜像周围，美不胜收。

如今这里也是苏州碑刻博物馆，大门外屹立着两尊3米多高的清朝碑刻。陈列在文庙内的"四大宋碑"比文庙还要早40年获得全国文保的殊荣。"四大宋碑"均为南宋刻石，其中一块就是《平江图》，也就是平江路上那块复制品的真迹。《平江图》刻于南宋，细致描绘了护城河、城墙、城门和城内20条河流、20条街巷等，是中国现存年代最早、保存最完整、刻制最详尽的古代石刻城市地图。

扬州

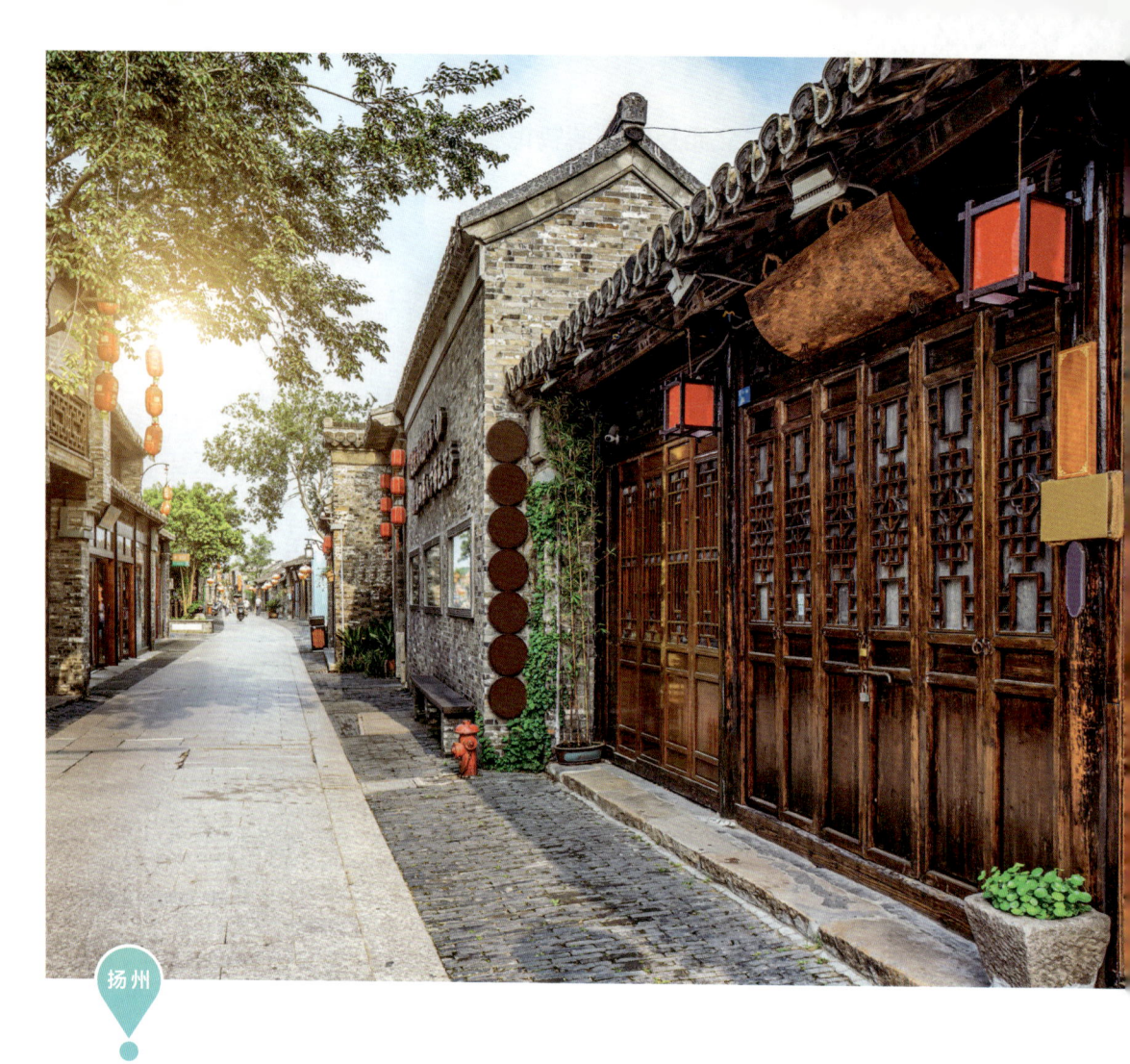

绿杨城郭慢生活

　　扬州曾被大运河带活，被盐商带富，清朝康、乾二帝多次巡幸，昔日风光无限。但现代扬州却吃了交通的亏，它夹在江南、江北之间，身份尴尬，守着殷实的家底，追不上新时代的车轮，"扬州慢"本是词牌名，竟演变成了它的字面意义。如今，它又一点一点时髦了起来，但老城巷陌依旧，《扬州画舫录》中描述的风物大多也还在。这条路线将带你沿着春风十里扬州路，探访盐帮大佬们的家宅，在市井与文艺的切换中，做一场属于你的"十年一觉扬州梦"。

全程约 6.5km

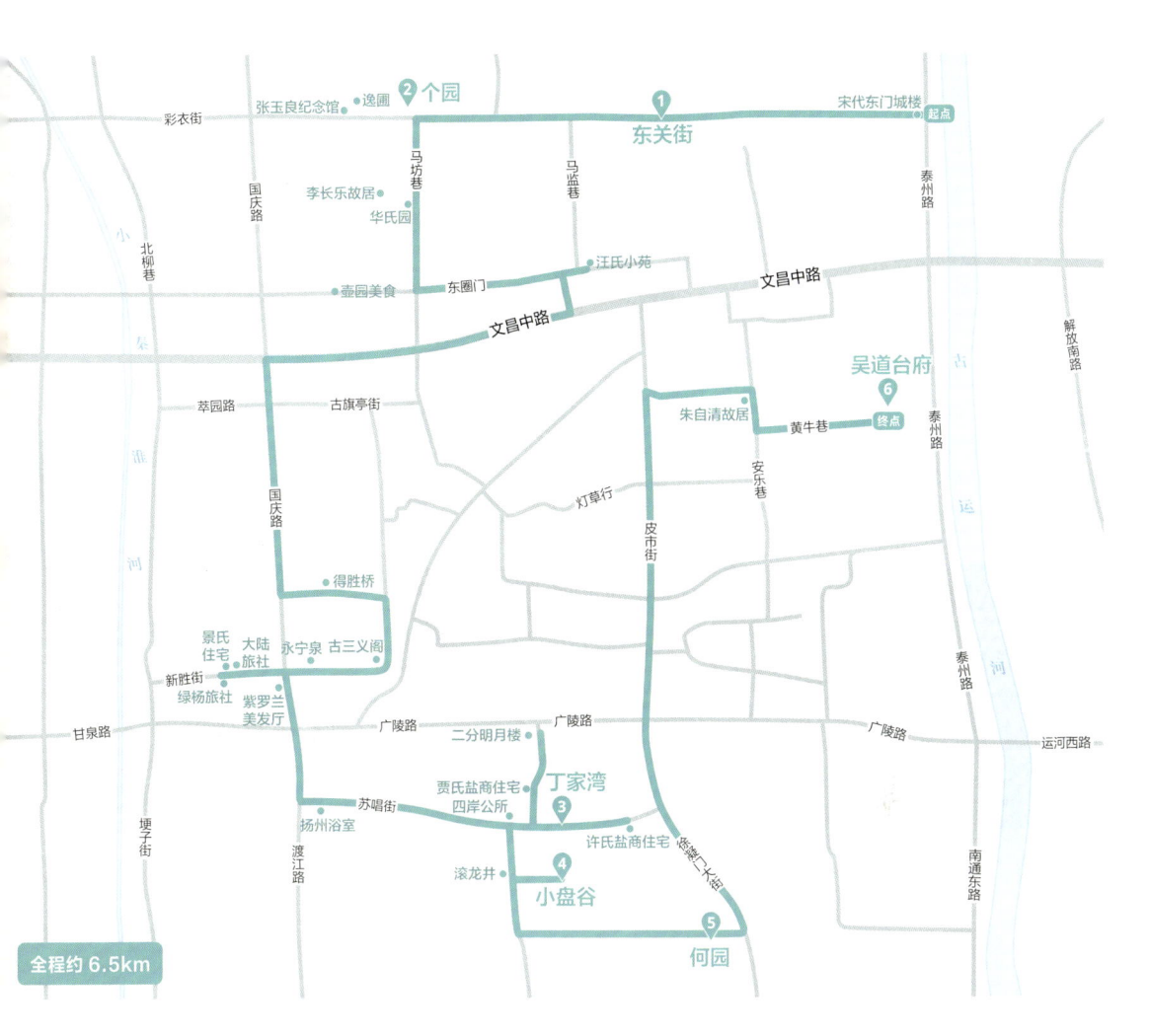

从运河边的东关古渡起步，先去宋代东门城楼登高一览 ❶ **东关街** 全景。接着穿过这条街，参观 ❷ **个园**。参观完仍从南门出，进对面的马坊巷，路过华氏园，到东圈门左转，300米开外有扬州保存最完整的盐商住宅汪氏小苑。

走出小巷，经文昌中路南下国庆路，去得胜桥逛逛著名的扬州"三把刀"，再经古三义阁、永宁泉绕回国庆路，后者是建于同治年间的老浴室。过马路进入新胜街，民国时这条巷内开了好几家旅社，以中西合璧的绿杨旅社最出名，蒋介石、郁达夫、梅兰芳等名人都住过。斜对面的大陆旅社在抗日战争时做过日军的"慰安所"。清代建筑景氏住宅曾属于绿杨春的创始人。

折返回国庆路，1895年的紫罗兰美发厅还在原地。转入明清时昆曲艺人居住的苏唱街，大门两侧装饰着罗马柱的扬州浴室已近百年，依然在为扬州人提供"水包皮"的服务。再往前，看到四岸公所就到 ❸ **丁家湾** 了，往南经过滚龙井，左转后，便见对面大树巷内的 ❹ **小盘谷**。东边的徐凝门大街有被誉为"晚清第一园"的 ❺ **何园**，进去好好欣赏一下"天下第一廊"和"天下第一窗"。

继续往北就是皮市街，整条街吹着小清新的风，你可以找家个性小店坐坐，或买杯"扬大"酸奶边走边逛，也别忘了去找找安乐巷里的朱自清故居。最后，在黄牛巷尽头的 ❻ **吴道台府** 结束步行。

79

❶ 东关街

在扬州老城的数百条古街巷中，东关街最有代表性，它至少已走过1200多个年头了。街的一头连着东关古渡码头，因漕运催生商业，盐商们集体在此购地置业，造园林、开商铺，也为接驾下江南"爽一把"的皇帝大兴土木。如今，这条1122米长的石板街经过改造，清一色的青砖青瓦，百年老字号——迁回，入夜后流光溢彩，令人不由生出"扬州旧梦久已觉"的感念。

街东端正对古运河，重檐歇山顶的宋代东门城楼是仿制的，但位置确实在昔日的东门遗址上，城楼内辟有东关历史文化展示馆。沿街和周围还有逸圃、张玉良纪念馆、李长乐故居、华氏园等园林式住宅。

白天的东关街，永远人头攒动，沿街商铺为了招徕生意各出奇招，如果觉得有点"辣眼睛"，想想它千年前也是条喧闹的市井大街，多少就能释怀了。

❷ 个园

（45元；7:15—17:30）个园的昔日主人是清嘉庆年间的两淮盐业总商黄至筠，此人一生酷爱竹子，不但在园中种了60多种竹子，还取"竹"字半边将园子命名为"个园"。

❸ 丁家湾

与东关街类似，"丁"字形的丁家湾也是古代盐商的聚集地，但比东关街清静得多，狭窄的巷弄里只有民居和大门紧闭的古宅。全新打造的"广陵有盐"文化街区，将三栋老宅囊括在内：四岸公所是过去湖南、湖北、江西、安徽四大盐商议事的场所，如今里面是文创店；隔壁的贾氏盐商住宅为清末民初扬州著名的"盐钱两栖"人物贾颂平的宅子；他家的园林就是北边的二分明月楼，取"天下三分明月夜，二分无赖是扬州"之意，是"旱园水作"的园林代表。

丁家湾东端还有清朝的许氏盐商住宅，南边有座清朝的滚龙井，经年累月用井绳打水后，井壁上已留下深深的槽痕。

🏠 城市探味

壶园美食

如果让本地老饕在老城区带路，大概率会走进壶园。一开始你可能会大失所望，这里的就餐环境完全配不上淮扬菜的精致路线，但当你半信半疑地咬上一口扬州狮子头，可能就再也停不下嘴了。比拳头还大的肉丸子，入口细腻，一抿即化，毫无肉的扎实感和粗糙的纤维，比火锅里的虾滑还滑。臭大元炖肥肠、酱爆猪肝也都刷新了肥肠和猪肝的美味上限。

个园最出彩的是四季假山园，四款假山与不同花木组合，变幻出四季流转的不同景观。春景园中，石笋遍插竹林，寓意雨后春笋；太湖石围出一方池塘，营造"莲叶何田田"的夏景；黄石起伏成山，初秋桂花飘香，深秋片片红枫，是为秋景；灰白色的宣石象征冬日积雪，几株蜡梅伴其旁，后墙开的24个孔洞又带出北风呼啸的效果。这种分峰造石的手法，是园林叠石景观的孤例，虽万变不离石，却无一雷同，看起来就像四幅山水小品的实景演绎，也因此，坊间传闻个园是明末清初山水画大师石涛的作品。

④ 小盘谷

（20元；9:00—11:00，14:00—16:00）清光绪年间，两江总督周馥购得徐氏旧园，重修后改名小盘谷，现为全国重点文物保护单位。园子面积不大，但设计精巧，随形造景，有小中见大之效。小盘谷为东园西宅的布局，住宅为四进，花园又分东西两部分，中间以回廊、花墙分隔，园中开池堆山，池中锦鲤悠游，四周假山嶙峋，形似九头狮子，被称为"九狮图山"。

或许是有苏州狮子林的珠玉在前，小盘谷虽有特色，但总让人感觉差了点意思，但它胜在清幽，你可以细品园林造景艺术，或穿上一身古装体验唐风宋韵，不受干扰地创作大片。

城市杂谈

淮扬菜与扬州早茶

康熙、乾隆一次次下江南，难保其中没有淮扬菜的一份功劳。1949年开国大典结束后，"开国第一宴"由淮扬菜厨师掌勺，更是将它推至其他菜系不可企及的高度。精耕细作是淮扬菜的最大特色，文思豆腐切得细如发丝还保持不断，根根分明地荡漾在汤中，光是这刀功，淮扬菜师傅就无对手。

"早上皮包水，晚上水包皮"是对扬州人生活的总结，意指早上吃早茶，晚上泡澡堂。你来扬州一趟，好好吃一顿早茶比什么都重要。师出淮扬菜，扬州早茶的规格也不低，千丝佐茶，几笼点心，最后用一碗面收尾，所谓饮茶如筵。蟹黄汤包放在盘里软趴趴的，提起来像灯笼，透过吹弹可破的皮子，能看到汁水在里面duāng duāng地晃。翡翠烧卖馅心碧绿，顶端点缀火腿茸，色香诱人。三丁包以猪丁、鸡丁、笋丁为馅，高阶版五丁包多了海参与虾仁，包子看着大，但发得蓬松，不是一两个就吃撑的那种实心密度。千层油糕共64层糕体，一层猪油一层糖，表面点缀红绿丝，是淮扬菜里少有的甜口，但甜得清幽，分寸感极好。

富春、冶春、共和春是三大老字号茶社，派头十足，但也有老字号的通病。不冲名气的话，趣园茶社、花园茶楼是更用心的口碑之选。

❺ 何园

（45元；7:30—17:30）与呼啸山庄一字之差，何园又名"寄啸山庄"，取自陶渊明的"倚南窗以寄傲……登东皋以舒啸"。园主何芷舠是一位卸任官员，他与李鸿章、张之洞以及光绪帝的老师孙家鼐有着同乡或姻亲的关系，用今天的话说，他建立了一张强大的关系网。他买下石涛的叠石孤本片石山房，斥巨资扩建成中西合璧的私家园林，被誉为"晚清第一园"。

何园有别于其他江南园林的特色是，现代建筑设计理念已初现端倪。一条近1500米的复道回廊，将原本独立的建筑个体串联成一个整体，通过这条廊道可到达园中任意地方。复廊为上下两层，上下都开有漏窗，上可观花木，下可赏园景。

中西合璧主要体现在玉绣楼，这座传统的两层砖木结构建筑，配上了法式百叶门窗、日式拉门、欧式壁炉等。其实，虽然深受儒家思想熏陶，但何芷舠一直很新潮，他把三个孙子都送出去留洋了，西风东渐出现在他家里真是再合理不过。

❻ 吴道台府

（30元；9:00—17:00）吴道台府被扬州人称为"九十九间半"，因古时规定民间盖房不能超过100间，吴氏便盖了99.5间，今剩86间。光绪年间，任职宁绍道台的吴引孙聘请浙江匠师为其建造宅院，所以宅第兼有淮扬与浙系风格，也少不了晚清流行的西洋元素，而且不像其他园林只是"引进"些彩色玻璃窗作点缀，这里则完整建成了一栋法式小洋楼。

宅第最突出的建筑是仿照宁波天一阁建的测海楼，藏书楼最鼎盛时拥有24万卷藏书，可见吴氏对教育的重视程度，后世也不负所望，吴门不止出了两位道台，还培养出了三位院士（医学昆虫学家吴征鉴、物理化学家吴征铠、植物学家吴征镒）和一位剧作家（吴征铸）。

绍兴

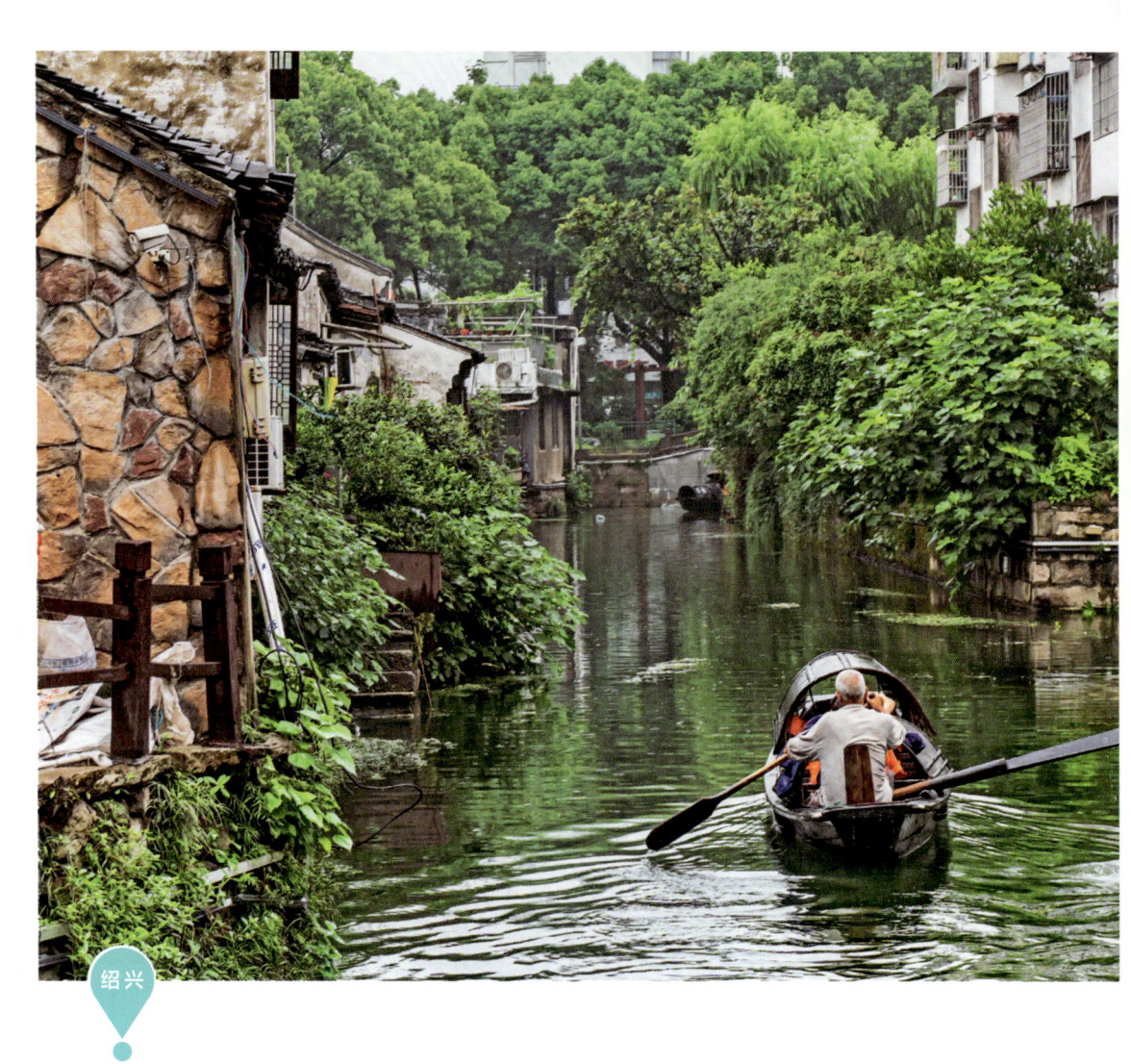

沿着绍兴的河道走

　　如果城市也有金木水火土的五行属性，绍兴一定属水。这是一座无河不成街的城市，它的气韵有一半因水而生。老城区河道密布，居民枕水而居，新国道夺不走旧石桥的光芒，水乡依然风华绝代。这条线路囊括了四片水陆并行的街区，沿着水岸线走，便是走在绍兴的任督二脉上，你在青石板路上踏出的每一步，都奏响岁月的音符。走不动了，随时可以切换赛道，改作"cityboat"，坐进乌篷船，摇啊摇，摇到外婆桥。

全程约 5.5km

先去❶**八字桥**周围转转，桥北边的广宁桥比八字桥的岁数还大，是绍兴市区最大的单孔石拱桥，注意看桥拱下的迂道，古时可桥上、桥下交叉通行，很难说这不是现代立交桥的雏形。

沿长桥直街向西走5分钟，穿过中兴中路，很快就会来到❷**周恩来祖居**。参观完往回走一段，再往北进入❸**书圣故里**，先沿戒山街走到底，然后转个弯去戒山公园，看看明朝的戒山书院，刘宗周、黄宗羲、徐锡麟等都曾在此教学，山上的文笔塔在抗日战争时曾被日军改作碉堡。下山后回到书圣故里，从笔飞弄出，穿过烟火气十足的萧山街。

经解放北路转入新河弄，这条路台门成群，依次会经过宋家台门、马家台门、沈永和台门、钱家台门。一路走到底是始建于南朝、明代重修的谢公桥，之前一直藏身于地底的新河在此冒头，成为一片开阔的池塘，映衬着连片徽派民居。先别过桥，走一小段回头路，拐进马弄，里面的❹**阳明故里**更加出片。

参观完穿出弄堂，取道大路，沿河朝西走。去马路对面欣赏下古朴的❺**光相桥**，至于后面的中国黄酒博物馆，规模虽大，可看性不强。

然后进入安静的西小路，你会再次经过谢公桥。走到头后右转，路过古越藏书楼，这是中国最早的公共图书馆，创办于1902年，现仅存第一进门楼，为绍兴图书馆分馆。再往前几步，便是终点❻**大通学堂**。

❶ 八字桥

绍兴古城内保留着宋代至民国的700多座古桥，中国著名桥梁专家茅以升曾评价："中国古代传统的石桥，千姿百态，几尽见于此乡。"这其中最有代表性的非八字桥莫属，它已随中国大运河申遗，被列为世界文化遗产地。

八字桥位于三条河道的交汇处，由两座微拱石梁桥组成，两桥相对而斜，桥东为南、北落坡，桥西为西、南落坡，构成一个"八"字形，实属中国古桥中的另类结构。它始建于南宋时期，后经历一次重建，又历经四次修缮。

八字桥名气很大，但不是景点，四周只见临河而居的烟火气，绝无嘈杂的商业买卖。年关前，家家户户沿河挂满酱鸭、鱼鲞、腊肠等，是绍兴最有年味的景观。

❷ 周恩来祖居

（免费；8:30—17:00）"周恩来不是淮安人吗？"——别怀疑，你没记错。但周恩来籍贯绍兴，在其祖父之前，周氏家族世代居住于此，周恩来小时候回老家也在这里住过。1939年，担任国民政府军事委员会政治部副部长的周恩来返乡祭祖，并在这里开展抗日工作。所以，绍兴与周恩来的渊源也不可谓不深。

这是一组始建于明代的台门建筑，三进式的百岁堂就是周恩来祖上居住的地方，不幸的是，老宅曾在20世纪遭遇雷劈而引发火灾被毁，如今这栋为后来复建。旁边相连的是周恩来纪念馆。隔壁还有贺秘监祠，内设贺知章生平展览。

沿着绍兴的河道走

城市探味

河埠头饭店

来真正的市井饭馆，不要计较环境和服务，也不要理会"大众点评"上不足四颗星的评价，它可能不太合游客口味，本地人却对它好评一致。油爆河虾酱味浓郁，油焖笋口感清甜，香肠带着花雕香，梅干菜烧肉是下饭神器。或许是因为上过美食纪录片，杂志、公众号也总爱写它，虽然大众评分不高，依然异常火爆。

❸ 书圣故里

"书圣"指的是王羲之。这片街区流传着不少与王羲之相关的或真或假的故事。真实可寻的书圣故宅藏在戒珠讲寺内，但可能不如寺门外一方被三面徽派民居环绕的墨池更吸引眼球。南北向的戢山街为河街并行，河上的咸宁桥和题扇桥都能追溯到宋代以前，现存桥体为清朝重修，题扇桥还被记录在《晋书》中。咸宁桥旁的咏梅诗廊，是江南水乡典型的临水廊棚。

附近笔飞弄里的蔡元培故居为三进式台门，是蔡元培的祖父在清道光年间购置的产业，蔡元培出生于此并在此生活了30多年，如今前为展厅，后为故居陈列。附近的子民图书馆则是高颜值的现代风格建筑。

NOTES

其他如王羲之陈列馆、钱业会馆、尚德当铺、越酿工坊等，规模不大，看点不足，不必刻意前往，路过顺便看看就行。

城市杂谈

重口味的终极挑战

绍兴的夏天极为闷热潮湿，人热得吃不下饭，就需要开胃的食物来助力，于是，发酵这一烹饪界最魔幻的招数，成了饭桌上的救星。这带来了两道十级重口味的菜：蒸双臭、霉干张。前者为浸泡发酵，后者为干发酵，无论干、湿，都是通过发酵令蛋白质发生腐化，氨基酸迅速增加，产生"烂发肥，臭生香"之效。

蒸双臭的食材是臭苋菜与臭豆腐，将它们浸泡在一坛循环使用的臭卤缸中，任其在时间的作用下发酵霉腐，然后取出蒸熟即可食用。苋菜梗的口感如果冻，咬住一头一吸就滋溜入口了，相伴入口的是咸中带酸、酸里透臭的滋味。

霉干张是将干张（即豆腐皮）整齐码放在碗中，再上盖密封，放入烧热的炉灶内焖，干张随之变厚变酥。食用时，筷子一夹干张就碎成了屑，臭的程度比蒸双臭更胜一筹。本地人将其视作"压饭榔头"，夹一点霉干张，浇一点汤汁，拌在饭里吃。

开胃是开胃，也确实臭得直冲脑门，不打一点折扣。喜欢的人欲罢不能，讨厌的人掩鼻绕道。如果你放胆一尝，或许就能理解，为何书生气的秋瑾、鲁迅会有一身硬骨。

❹ 阳明故里

（65元；8:00—17:00，周一闭馆）明成化年间，王阳明的父亲在绍兴购地建府邸，王阳明受封新建伯后，向西增建新建伯府第，又因晚年居家讲学论道，吸引门生众多，便再度扩建。1924年，伯府第失火，建筑所剩无几。2020年，整片区域进行全面考古挖掘，随后在原址重建阳明故里景区。

主建筑王阳明故居还原了伯府第，为四进院落，从框架到零件都是新的，只有大门前的石门框是真正的老物件。广场上，飘逸洒脱的王阳明铜像正对一汪碧霞池，此处被认为是历史上著名的"天泉证悟"发生地。背后的王阳明纪念馆为下沉式，灰瓦坡屋面加圆柱形的设计游离于传统与现代之间，前卫得颠覆想象。

建筑是最大看点，徽派建筑元素随处可见，但粉墙黛瓦表现得更简练，水乡之水也被改写运用，成为一片片倒映建筑的"镜面"，有呼应，有反差，将中式美学发挥到了极致。

沿着绍兴的河道走

❺ 光相桥

❻ 大通学堂

光相桥是一座单孔半圆形石拱桥，桥身破裂的青石板透露了它饱经沧桑的过往。它最早可能建于东晋，因桥边的光相寺得名，有史可考者也至迟存在于南宋，现存桥体为1341年重建，又在1567年重修。

光相桥所处的位置十分微妙，旁边的下大路河是浙东运河在绍兴城内的主要河段之一，国道从旁而过，还有一座新建的石桥紧挨着它。就功能而言，它可有可无，但城建没有止步，历史的遗产也不曾让位，这才是最难得的。

（免费；8:30—17:00）大通学堂全称大通师范学堂，1905年由徐锡麟、陶成章创办，是光复会的大本营，也可以说是中国近代史上最早的体育专科学校。虽办学仅两年，但为辛亥革命培养了一批军事人才。

大通学堂内设有光复会介绍和徐锡麟生平事迹展，并复原了当初的教室、宿舍、会议室、教师办公室等。那间秋瑾办公室便是1907年7月13日下午她被捕的地方。

绍兴

"三千台门"故事多

　　水乡绍兴是青瓦灰墙与乌篷船、乌毡帽、乌干菜组成的水墨色调，是一座座石桥衔接起的河道，是沿青青水岸分布的"三千台门"，是一下雨就美成了戴望舒笔下的《雨巷》……简单来说，它刚柔并济，就是江南水乡的样本。这条线路串起绍兴两大王牌景点：去仓桥直街看看前临街后临河、家家户户有河埠的寻常百姓家，去鲁迅家里欣赏台门里的豪宅典范。喝一口温润的黄酒，听一曲悠扬的越剧，你会发现，绍兴还是停留在书里的样子。

全程约 5km

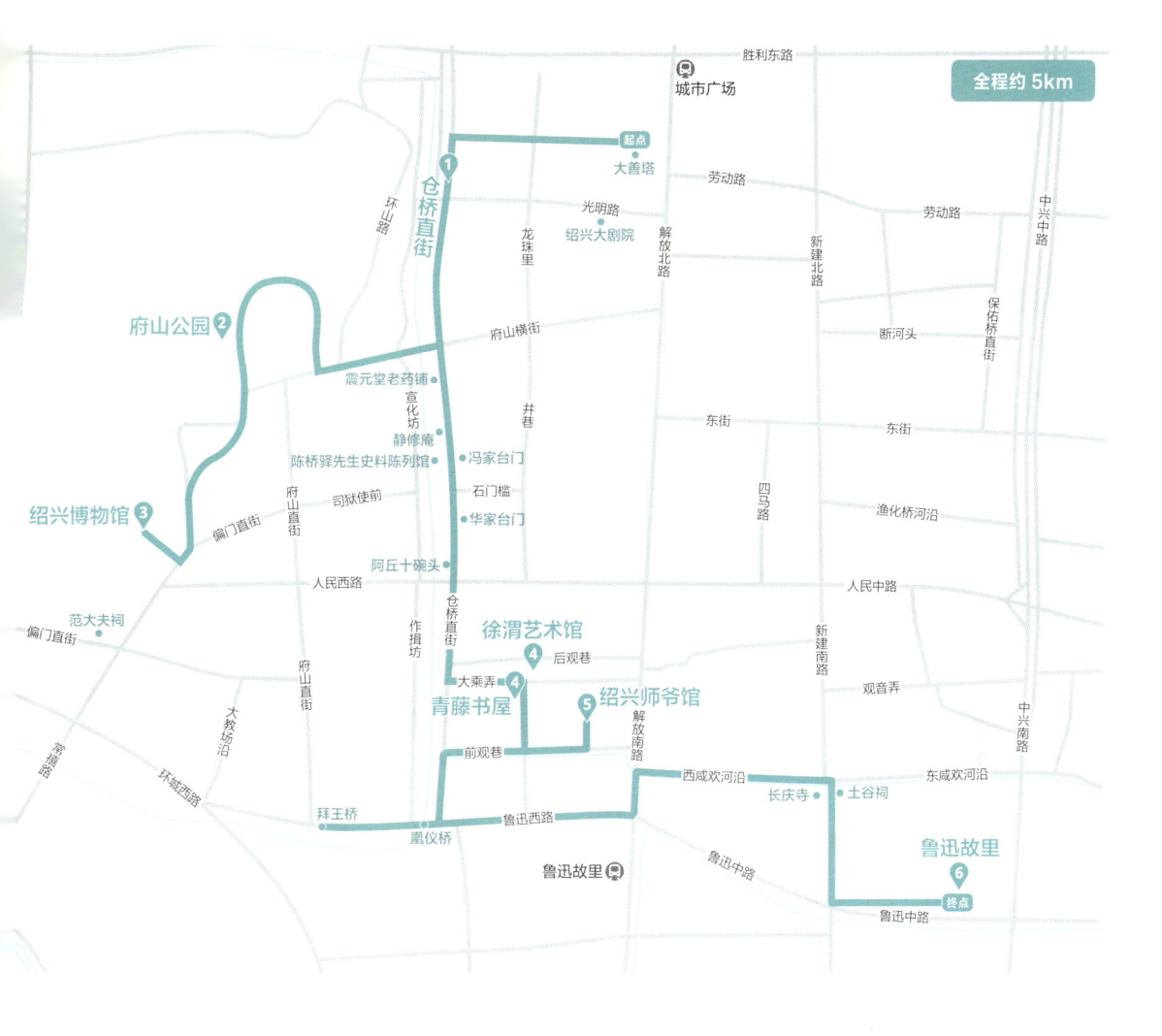

此行从城市广场上的大善塔开始。相传南梁时，一位钱姓女子未嫁而死，遗言以嫁妆建大善寺和大善塔。寺早已不在，大善塔则保留至今，在周围车水马龙和摩登的绍兴大剧院的烘托下，颇有闹市出尘的古意。

穿过广场就是 ❶ **仓桥直街**，不必急着走完它，你可以不时偏离下路线。在府山横街路口的古桥上看看水乡两岸的风景，然后向西300米进入 ❷ **府山公园**，再从公园南门出去，就是 ❸ **绍兴博物馆**。参观完原路回到仓桥直街，穿过人民西路，后半段古街很安静，没有商家的吆喝声，呈现在你眼前的就是最真实的老街生活。往大乘弄里走100米，一南一北的 ❹ **青藤书屋和徐渭艺术馆**实现了古今艺术对话，再多走百步又是 ❺ **绍兴师爷馆**。

绕回仓桥直街后，出凰仪桥，过马路往西走一点，这里有座被列为全国重点文物保护单位的 **拜王桥**，桥身护栏上有"文革"时刻的"反帝桥"三个字，但桥是唐朝遗存。相传吴越国建立者钱镠攻克越州后，本地百姓在此迎其进城，"拜王"之名也由此而来。

你距离终点还有15分钟脚程，可以吃顿晚饭再去鲁迅故里。将最重量级的景点放到最末，是为了避开白天的人山人海，天一黑游客大军就散了，整个景点都是你的。向东穿过解放南路，拐入西咸欢河沿，新建南路口有鲁迅拜师的长庆寺和小说里阿Q混迹的土谷祠。转个弯就是 ❻ **鲁迅故里**。

91

❶ 仓桥直街

早在2003年，仓桥直街就已成为联合国教科文组织亚太地区文化遗产保护示范项目。它北起宝珠桥，南至凰仪桥，全长约1.5公里，青石板路两边保留了40多栋台门。台门的"台"即"进"，三台表示三进，一般为纵向展开式的深宅大院，清末民初绍兴城内号称有"台门三千"。

仓桥直街被人民西路一分为二，也形成了南北两种气象：南段是本地人生活的仓桥直街，烟火气浓郁；北段是展示给游客的仓桥直街，很美也很商业。保存较好的台门集中在北段，包括二进五间的冯家台门和三进三间的华家台门，沿街还有创始于清乾隆年间的震元堂老药铺、陈桥驿先生史料陈列馆和静修庵。

吃是这条街的主要业态，大饭馆店招飘飘，黄酒棒冰从街头卖到街尾，排着长队的是上过央视的臭豆腐摊，还有本地人从小吃到大的奶油小攀、夏日解暑神器木莲豆腐……

❷ 府山公园

府山公园就是范蠡建越王国都城的卧龙山，也是宋室南迁的临时居所。之所以叫"府山"，是因为会稽郡、越州府、绍兴府的府治设在此山东麓。

后人为纪念勾践卧薪尝胆，建了遥相呼应的两栋楼：越王台与越王殿，它们都毁于抗日战争时的日机轰炸，又于1981年重建。最高处的飞翼楼可登高拍摄古城全景，而在吴越时，它是越王观察吴国动向的瞭望塔。你还能找到越国大夫文种的墓、唐宋的石刻、范仲淹发现的清白泉等古迹。

❸ 绍兴博物馆

（免费；9:00—16:30，周一闭馆）

气派的绍兴博物馆建在古越王城的城址上，独特的造型源于本地出土的伎乐铜屋。常设展以越地春秋、会稽之都、绍兴府、近代绍兴等主题串起绍兴城的历史脉络，春秋时的青铜鸠杖镦跪俑、透雕虺纹青铜玉石构件、战国时的透雕凤鸟纹复合式铜镜，都是非常珍贵的文物，还有一把复制自湖北省博物馆的越王勾践青铜剑。馆内也详细罗列了绍兴城的历史名人，对古桥、台门等城市特色也有所涉及。

> **NOTES**
>
> 博物馆旁边的偏门直街上有座范大夫祠，纪念的是绍兴城的创建者范蠡，门可罗雀，看点不多。

> **NOTES**
>
> 毗邻仓桥直街，却无半点喧嚣，山中但闻鸟鸣声，公园面积不大，满目葱茏，仿佛闯进了绿野仙踪。

🏠 城市探味

阿丘十碗头

仓桥直街上最有年头的家常菜馆，是一个不起眼的小门面，迈入门槛仿佛走进了民居家里。醉鸡、醉蟹、梅干菜烧肉、绍三鲜做得都很地道，花雕有几档价格，身价决定了口感。店主很实在，怕客人点多，又奉劝外地客人慎点蒸双臭——汪曾祺赞它是佐粥的无上妙品，陈晓卿将它比作生化武器。吃不吃你自己决定，但，不爱吃也别骂街，谁让你不听劝的。

❹
青藤书屋和徐渭艺术馆

青藤书屋（免费；8:30—17:00）最早叫"榴花书屋"，是明代著名书画家、青藤画派的创始人徐渭的出生地，他在20岁时种下青藤，后又自号"青藤道士""青藤老人"。明末书画家陈洪绶手书"青藤书屋"匾额，书屋从此更名。

书屋仅三间平房，高墙围起的庭院内种着芭蕉、竹子，以月洞门前后隔断，书斋前有一泓清泉和一株老藤，总占地虽不足两亩，却小而雅致，充满意趣。屋内一副"几间东倒西歪屋，一个南腔北调人"的对联，正是这位天才艺术家潦倒一生的写照。

巷子北端的徐渭艺术馆（免费；9:00—16:30，周一闭馆），是2021年徐渭诞辰500周年时建的。艺术馆以徐渭《山水图》为设计灵感，白色作主基调，将徽派马头墙溶解于当代建筑，用几何线条、玻璃幕墙等现代元素呈现泼墨山水画的意境，再配合内部展出的徐渭作品，可谓传统与前卫的合体。

❺
绍兴师爷馆

（免费；8:00—16:30，周一闭馆）师爷是过去衙门里的幕僚，多为一些未考取功名的知识分子，他们无官衔，与幕主纯雇佣关系，主要负责替幕主出谋划策、起草文稿、处理纠纷等。历来"士比鲫鱼多"的绍兴，也为大清各地的官府批量输送着师爷，一时"无绍不成衙"，汪精卫、周恩来、秋瑾等绍兴名人都是师爷的后代。绍兴师爷笔头功夫了得，梁实秋和鲁迅打嘴仗时，就调侃过鲁迅"也许先天的有一点刀笔吏的素质"。

庞大的绍兴师爷馆分五个单元介绍了这一独特的社会群体，认真看下来，或许你会对梨园戏、影视剧里接近丑角的师爷形象有所改观。

❻ 鲁迅故里

（免费；8:30—20:30）在中国现代文学史上，浙江籍作家撑起了文坛的半壁江山，这其中，从绍兴走出去的鲁迅自是无可争议的"掌门人"。鲁迅故里熙熙攘攘的游客中，或许都有过读书时被语文试卷里鲁迅作品"虐"的经历，也多在没有考试压力的成年后读懂了鲁迅，并且在今天重读鲁迅仍觉振聋发聩。

鲁迅故里由四大部分组成，包括三栋典型的台门建筑。鲁迅祖居是周家老台门，建于清乾隆年间，为四进式五开间。鲁迅故居是周家新台门，是鲁迅出生和少年时居住的地方，西北角便是鲁迅书里写过的百草园。鲁迅37岁那年，周氏族人将新台门卖给了邻居，房子收回后，根据周氏亲友回忆进行了重建和布置。规模较小的寿家台门，就是鲁迅读了5年的私塾三味书屋，你很容易发现那张鲁迅"专属"座位。夹在台门间的鲁迅纪念馆是座现代建筑，不妨在参观的最后再细细重温下鲁迅的思想与作品。

泉州

在信仰之城与众神相遇

　　泉州，在千年前曾迎来属于它的"大航海时代"，海上丝绸之路八面来风，也把东西方各路宗教送来泉州开设"分号"。明朝海禁紧急叫停了泉州的全球化进程，外商与洋和尚都离开了，泉州人却没有抹去多教共融的城市胎记，他们拜着各自的神灵，听着唐时的音律，守着宋时的文物，誓不挥别它的黄金时代。这条步行路线，围绕"东西两座塔，南北一条街"勾勒出的经纬线，将带你充分感受"半城烟火半城仙"的魅力。

全程约 3.5km

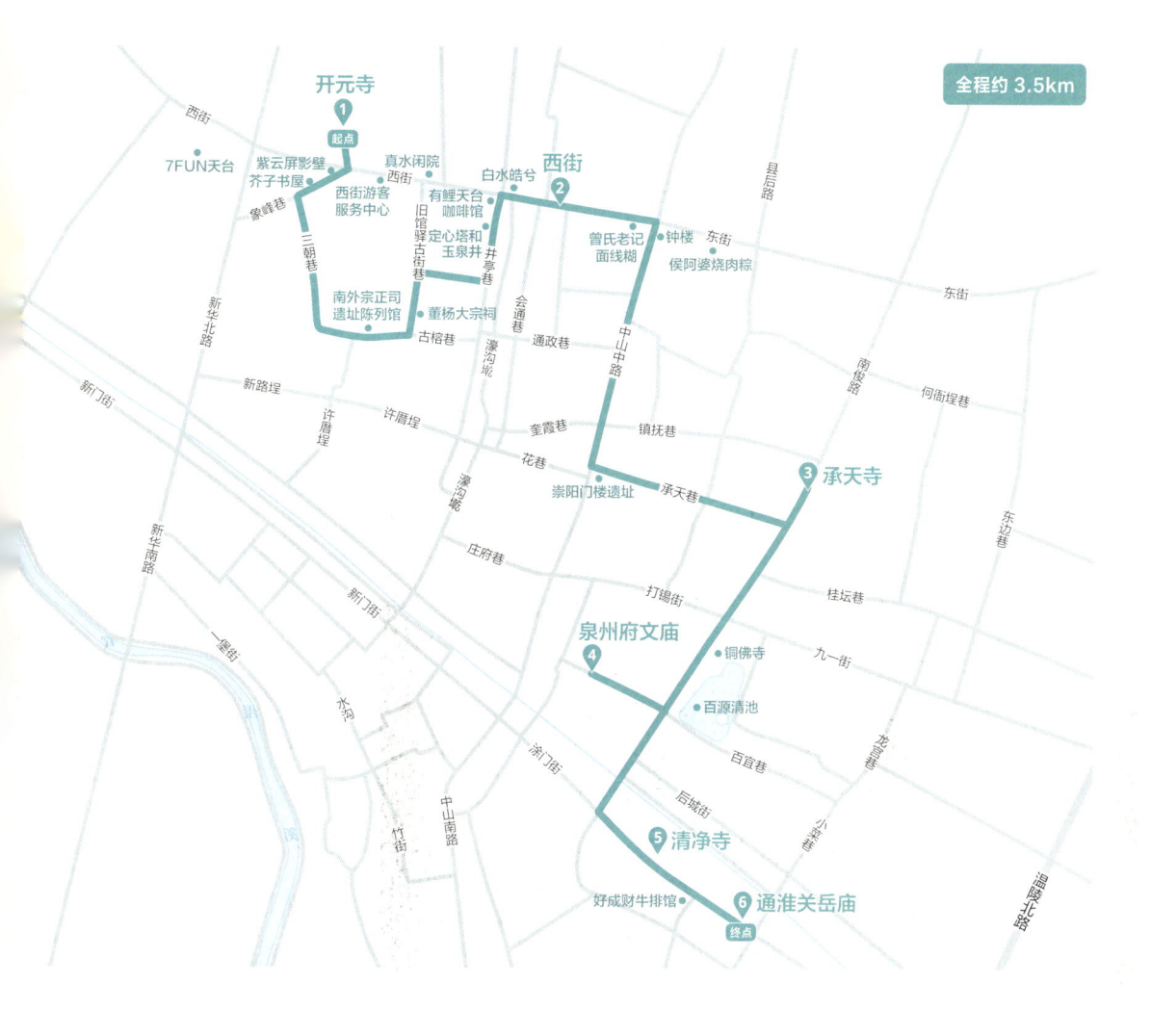

从泉州的地标、西街上的 ❶ **开元寺**起步，随后钻入对面紫云屏影壁后的象峰巷，路过取"芥子纳须弥"之意的芥子书屋，里面有大量市面上看得见和看不见的本土文化书籍，是了解泉州的敲门砖。两次左转后，你会看到南外宗正司遗址陈列馆，这里便是南宋时皇亲国戚生活的地方。继续左转，藏在旧馆驿的董杨大宗祠是国内唯一的两姓联宗祠堂。再去井亭巷内寻一（定心）塔、一（玉泉）井。

回到 ❷ **西街**向东，在热闹的钟楼十字路口转入中山中路，这条路的特色是漂亮的联排骑楼，你会路过一座基督教堂。然后进入承天巷，巷口有一处崇阳门楼遗址，是昔日唐朝泉州子城的四座城门之一。穿出巷子，马路对面就是 ❸ **承天寺**。参观完一路向南，路过阿伯阿婆唠嗑下棋的百源清池，这片沱水和西北角的铜佛寺、东南角的凉亭，可都是有名的文物。

穿过马路，去 ❹ **泉州府文庙**欣赏中国古建的顶配。接着从涂门街向东走不远，便是紧挨着的 ❺ **清净寺**和 ❻ **通淮关岳庙**。一路细逛慢品走下来，你差不多应该在傍晚抵达这里，那正巧迎上清净寺最美妙的光线和关岳庙最旺的人气，为这趟citywalk完美谢幕。

97

❶ 开元寺

（免费；6:30—17:00）开元寺这个名字始自唐玄宗下令全国广建开元寺时，在那之前寺已存在，寺内一株1300多岁的古桑树被认为是古刹可以追溯的源头。入口处的对联"此地古称佛国，满街都是圣人"出自朱熹，精准提炼了海上丝绸之路时代泉州古城的特色。

开元寺兼容了不少外来宗教的元素。大雄宝殿的斗拱上有24尊人首鸟身的木雕形象，这一形象源自印度佛教中的迦陵频伽，在佛教传入中国后演变为敦煌的飞天，也成了开元寺里手捧南音乐器的"妙音鸟"，这在中国其他佛寺和传统木构建筑中都没有出现过。大雄宝殿前的月台须弥座腰束处，有一排狮身人面的青石浮雕。殿后回廊的一对十六边形石柱，柱身刻着毗湿奴、湿婆等印度史诗里的人物形象。后两样构件本不属于开元寺，而是一座印度教寺庙的组成部分，元末战乱寺庙被毁，导致它们在废墟里待了300来年，直到1604年，泉州遭遇八级地震，开元寺损毁严重，重修时就将这些残件移来装点开元寺。

那场大地震对泉州城破坏极大，但开元寺内两座宋代石塔毫发无伤，因此民间有"站着要像东西塔"的说法。你也会发现，关于泉州的照片，不管怎么切换角度，都少不了双塔的身影。

❷ 西街

泉州之古在于古城的基本格局未变，开元寺所在的西街自唐朝起便"列屋成街"，开元寺的两座宋塔就是西街的核心，周围建筑高度迄今被限定在塔高三层之下。在西街附近找一个天台，看双塔被红砖红瓦的闽南古厝簇拥着，便是一眼爱上泉州的理由。如果你没舍得花钱住那些坐拥景观露台的民宿，开元寺斜对面的西街游客服务中心就有免费天台，楼下的文创品店也让人爱不释手；西街菜市场楼上的7Fun天台空间大、视野棒，本身也改造得很有艺术感；有鲤天台咖啡馆的准入门槛不过20来块钱。

别光盯着"网红"机位，有两家茶馆值得坐坐，它们正代表了西街古老和创新的两面。开在古厝里的真水闲院，原封不动维持着百年前闽南大户人家的模样；番仔楼改造的白水皓兮，则大刀阔斧改成了现代风格，也有拍摄双塔的好机位。

🛎 城市探味

侯阿婆烧肉粽

一只五花肉和瘦肉相间，又加入虾米、香菇、板栗的烧肉粽，只是最普通的版本，还有加入干贝、鲍鱼等的豪华版。淋上一大勺红艳艳的甜辣酱，用筷子戳开，酱汁流入，与山海相拥，带着浓郁的花生香和蒜香、辣意，谁能忍住不惊呼一句："这泼天的富贵！"沦为配角的糯米也不简单，经葱油和卤汤等拌炒，加上肉中油脂的渗入，将味觉层次推至巅峰。

曾氏老记面线糊

面线糊既非面也非米线，它细如发丝，绵软不烂，稠而不黏，顺滑入喉。猪骨与各种海鲜熬制的汤底，极鲜也极清爽，虽经过勾芡，但一点没糊。如此一碗阳春白雪，加入醋肉、油条、卤大肠三种配料，再撒上胡椒粉，好一个浓淡相宜。

❸ 承天寺

（免费；8:00—17:00）承天寺的入口很不起眼，里面却大得超乎想象。山门两侧壁柱上是弘一法师书写的"有无量自在，入不二法门"，弘一法师在闽南度过了人生最后14年，当时僧籍就落户在承天寺。法师圆寂后，也焚化于此。

跨入山门，是一条长长的甬道，要走到尽头，再一转头，才见寺庙真身。这里没有嘈杂的游客与香客，人气甚至不如街头巷尾的铺境神。建筑布局疏朗，看起来不太像寺庙——事实也如此，承天寺最早是五代节度使的私人花园，宋代才变为寺，所以奠定了它城市山林的基因。

寺内有一片泉州特色的出砖入石墙，即以砖片与花岗石交替叠砌的墙，民间传说是在明代那场大地震后，泉州人在废墟里就地取材，用坍塌的砖石重建家园，后来发现如此砌筑的墙很是牢固，就延续了下来。

泉州　　99

❹ 泉州府文庙

（免费；9:00—17:00）泉州府文庙的规模位列东南沿海之首，也是全国为数不多没有棂星门的文庙——其实并非原本就没有，只是湮没在了历史洪流中。文庙的大成殿建于宋代，其重檐庑殿顶式屋顶和黄色琉璃瓦属于古建中的最高规格，在古代这是皇家建筑的专属。殿内悬挂的诸多匾额中有三块为御赐，分别是康熙的"万世师表"、雍正的"生民未有"、嘉庆的"圣集大成"。

隔壁的南音乐府在周五至周日的晚上7点半，有免费的南音演出。南音用闽南语演唱，保留了唐代的音韵、曲牌，被誉为中国音乐中的活化石，可简单理解为宋室南迁后宫廷曲艺的方言版。

🔲 城市杂谈

藏在民居中的秘密

如果往上追溯泉州人的根，会发现不少人的祖先是古代为避战乱南迁来的中原移民。至于哪些是原住民，哪些是衣冠南渡者的后代，密钥就藏在民居的门楣上："陇西衍派""芦山衍派""太原衍派""开闽传芳"……这些家族堂号透露了门背后的血脉根源。

简单来说，每一"派"对应一个姓氏。例如"陇西"为李氏发源地，"颍川"为陈氏后代，"紫云"和"燕山"两派皆姓黄，但根源不同，前者的始祖是献地建开元寺的黄守恭，后者来自元朝的元大都。

"传芳"可以理解为该姓氏中某位人物的品德、操守。"三省传芳"的门内为曾姓，他们以曾子的"吾日三省吾身"为祖训。"九牧传芳"为福建林氏，相传唐玄宗年间，林氏家族出了九位刺史（也叫州牧），世称"九牧林家"。

西街上有四栋屋顶为弧形尖拱式山花的联排骑楼，上面的四个堂号勾勒出了一部家族史："青阳衍派"——祖上来自晋江青阳；"萧里传芳"——以"萧"代"肖"，第一任屋主出生在泉州城外的肖厝村；"菲来小筑"——家族中有人曾下过南洋菲律宾；"清平别墅"——屋主荣归故里后，在泉州西隅清平铺购地，为四个儿子盖了四栋房子。

最后一个堂号里的"清平"二字指铺境制里的坐标。明清时，泉州城在保甲制度的基础上发展出铺境制，按东、南、西、北四个方位设四"隅"，"隅"下设"铺"，"铺"下再设"境"，共分三十八铺九十四境。各铺各境有各自的草根神明，负责保境安民，如果你在走街串巷时看到民居中夹着一座不讲究排面、香火又很旺的小庙，就是铺境宫庙。

❺ 清净寺

（3元；9:00—17:30）在泉州港作为海上丝绸之路起点的时代，阿拉伯人是最早登陆的一波，正是他们给泉州取了"刺桐城"的别称，并流传至今。阿拉伯人还留下了一座中国现存最古老的清真寺。

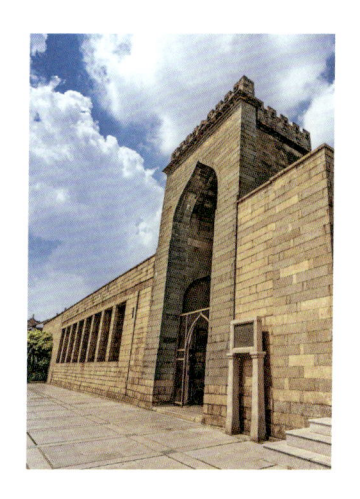

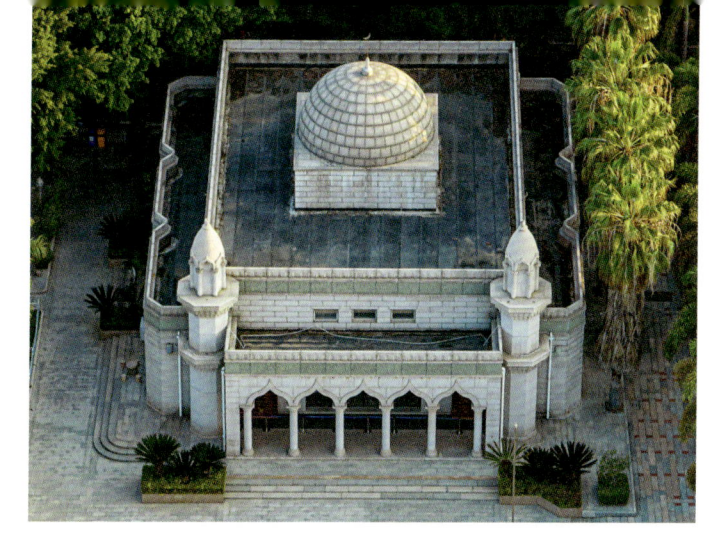

清净寺建于1009年，保存完整的门楼为石结构，具有明显的伊斯兰风格。穆斯林做礼拜的奉天坛在明朝大地震中坍塌，仅余孤零零的几根石柱，壁龛内的《古兰经》浮雕仍清晰可见。清代重修的明善堂为中式建筑，保存在内的"出水莲花"石香炉是宋代珍品。院落东边掩映在棕榈树下的是新建的礼拜堂，非穆斯林非请勿入。

❻ 通淮关岳庙

（免费；6:00—18:00）通淮关岳庙初为关帝庙，1914年增供岳飞。关岳庙规模不大，但若论香火之旺和装饰之炫，冠绝全城。还没走到关岳庙前，便已能瞥见它繁复的屋脊，听见清脆的掷筊声。屋顶高高翘起的燕尾脊上，密集装饰着宝瓶、龙吻等各种图案的彩色瓷雕，屋檐下的木雕柱头同样不俗。

掷杯筊是闽南独特的求签方式。杯筊是两块新月形状的木头，木头一面凸一面平，代表一阳一阴。抛出去后，如果是一平一凸，就是圣杯，表示神灵同意你的想法；如果两面都是平的，表示神灵也不确定；如果都是凸的，则表示神灵不认可。在这座"举头三尺有神明"的城市里，泉州人认为关岳庙许愿最灵验，不分老少遇事都来此交给神灵定夺。

1 俯瞰苏州平江路。
2 绍兴府山公园中的戏台。
3 走在上海外滩的大街上。
4 远眺泉州开元寺。

4

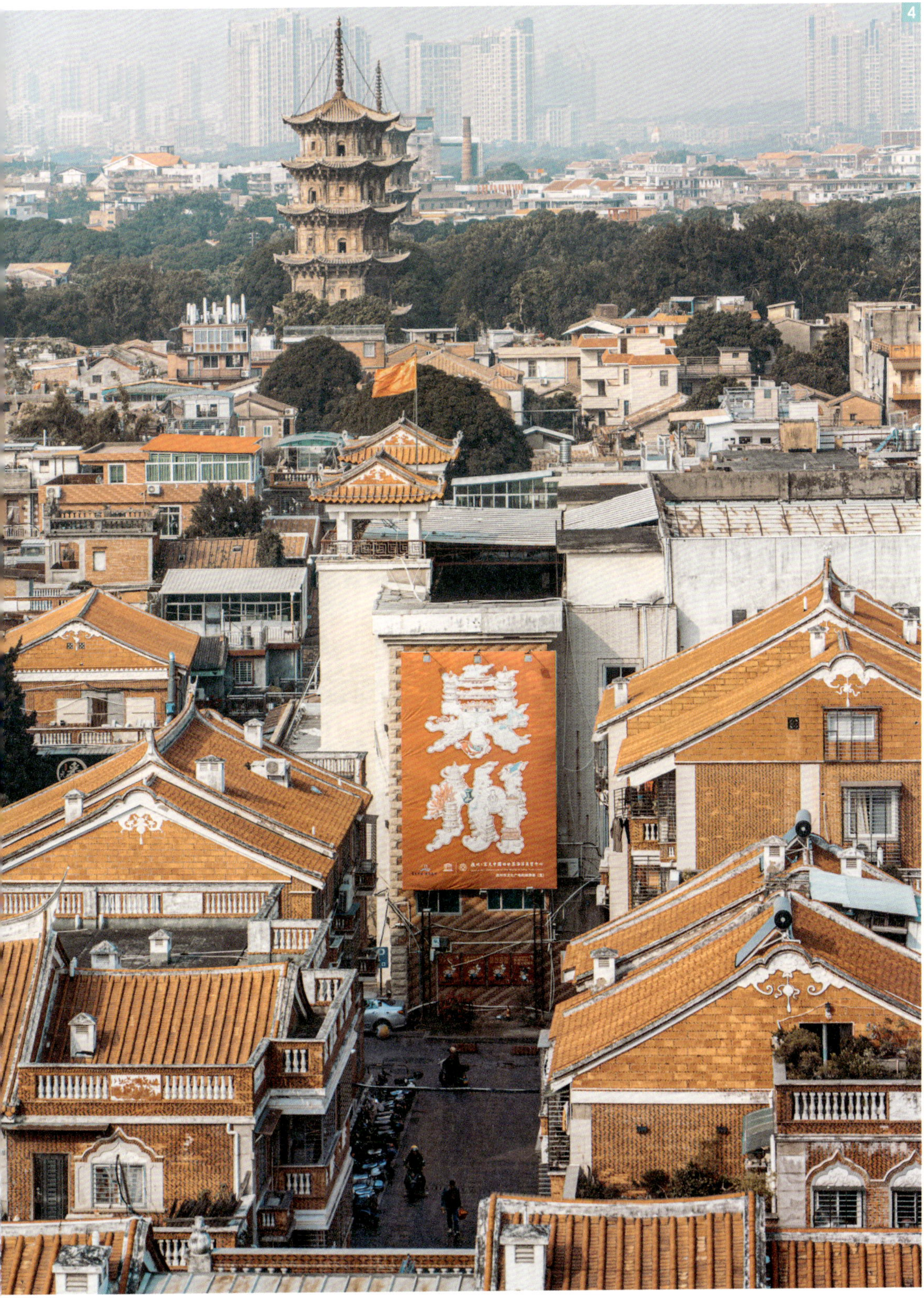

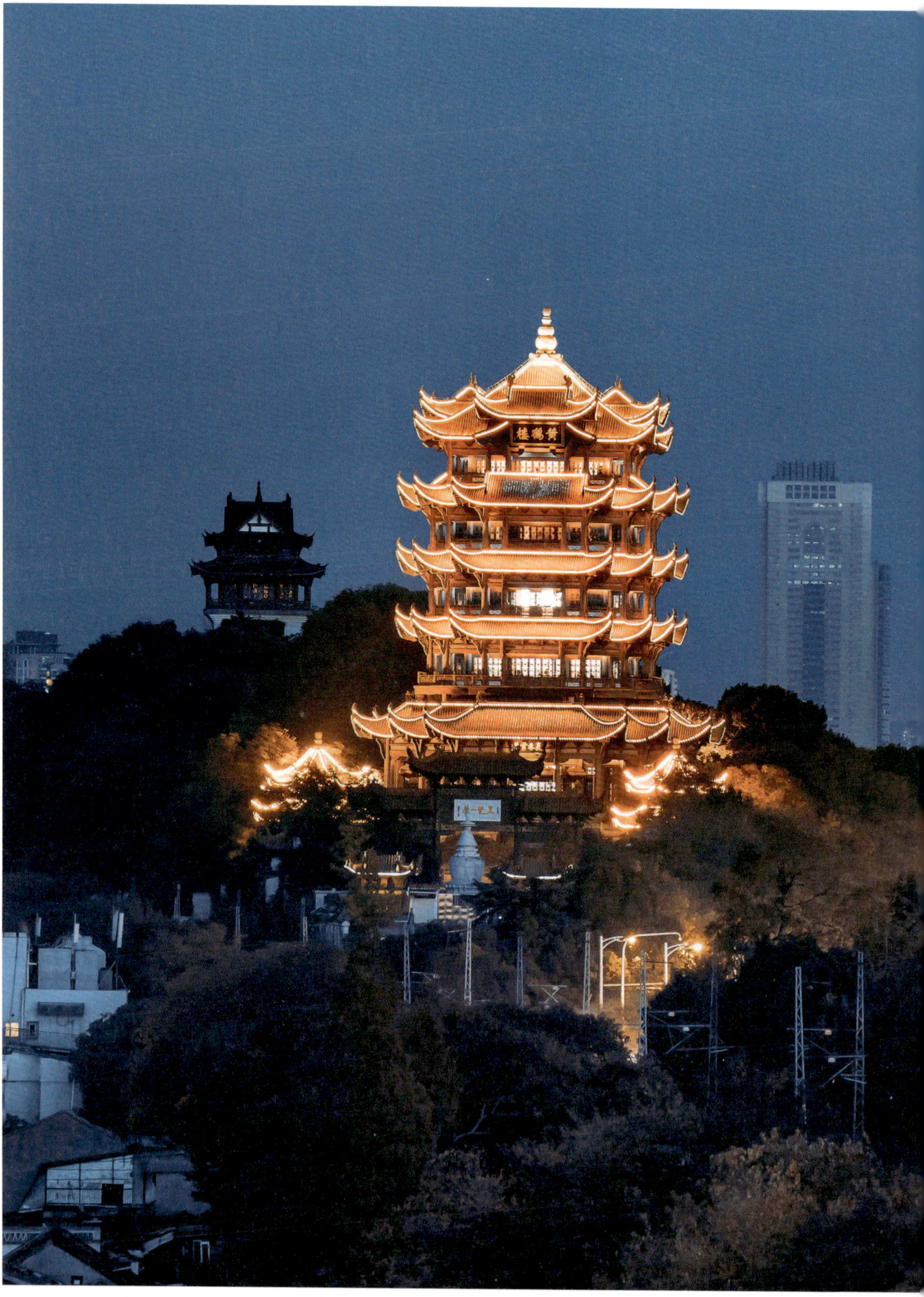
黃鶴樓

青岛·街巷里的欧洲魅影	106
武汉·大武汉的万象江湖	112
广州·广州上下两千年	118
广州·走读百年西关	124

夜色中的武汉黄鹤楼。

青岛

街巷里的欧洲魅影

　　这里是青岛，却恍若一座欧洲城市，网上甚至有人调侃："去了趟德国，仿佛在青岛。"百余年前，德国人占领了青岛，也建设了青岛，赋予了它"红瓦斜坡屋顶配绿色尖塔"的欧式气质。这条线路从海开始，以山结束，中间串起德式建筑最集中的几条马路，路线不长，看点不断，几乎没有哪一段会让你感觉乏味。在这场由建筑主导的视觉盛宴中，有些建筑高挑出众，有些别致可爱，有些气度不凡，有些自带话题，而当它们集体在你面前亮相时，必然感觉不虚此行。

赶在游客涌入前，一早先去❶**栈桥**，吹吹清爽的海风。然后沿中山路往北，路口的青岛国际俱乐部旧址已逾百年。参观完❷**1907光影俱乐部**，转向西，青岛市公安局内有栋带钟楼的建筑是警察公署旧址。折返一段，沿河南路向北，经过中国实业银行旧址，其大门两侧的柯林斯式双柱分别饰以螺旋纹和蜂窝纹。前面路口钟楼高耸的是金城银行旧址，绕过这栋楼，直走便是❸**圣弥厄尔教堂**。

从教堂转入浙江路，便见安娜别墅。一路南下到广西路，依次经过有老虎窗的侯爵饭店旧址、清水红砖的医药商店旧址、有哥特式双塔楼的❹**青岛邮电博物馆**，最后会看到一栋白色外廊式建筑，注意留意两侧的曲线型山墙上依稀可见的"1902"字样。

进入青岛路，路右侧的南园孔子纪念馆内，西、南两座山墙夹着一座墨绿色的八角形塔楼，这里最初是德国领事馆。英国领事馆旧址紧随其后，就在前方的沂水路上，屋顶面积非常大，甚至覆盖了最上一层的墙面。马路对面宏伟威严的市人大和市政协大楼原为胶澳总督府旧址。继续沿沂水路走，德国海军营部大楼旧址有一座雅致的木质绿外廊，这条路北侧整排都是好看的别墅。

走到头，过了马路就是❺**江苏路基督教堂**。从教堂南门出，沿着龙山路抵达❻**青岛德国总督楼旧址博物馆**。最后爬上❼**信号山公园**，再总览一遍你刚经过的所有建筑。

❷
1907 光影俱乐部

（25元；10:00—18:00，周一闭馆）该景点所在的德国海军士兵俱乐部旧址建于1902年，属德国新文艺复兴风格。日本取代德国占领青岛后，这里改为日本市民会。1945年又成为美国海军的士兵俱乐部。漫步其中，你应该能想象当年水兵们吃饭、喝酒、跳舞、看电影的场景。

1907光影俱乐部位于建筑三层，分东西两个展厅。你可以在此了解电影工业的诞生和发展，看看40多台电影放映机，再坐下看一场胶片电影。"电影街区"板块还原了《阿飞正传》《花样年华》《罗马假日》《天使爱美丽》等电影中的经典场景，简直是为"戏精"量身定制的。

❶
栈 桥

始建于1892年的栈桥，是李鸿章麾下的北洋水师建造的最后一座海军码头，当时桥长200米，宽10米，码头接岸礁石一段为石砌引堤，水上部分为钢制透空桥，上铺木板。码头尚未彻底完工，甲午战争就爆发了，先是工程停滞，再是1897年德军由此登陆，侵占青岛。1931年，栈桥的钢制部分被拆除，改为钢筋混凝土透空桥，并加长至440米，南端修建三角形防洪堤，上建八角亭回澜阁。1984年，栈桥改为十七孔、十六组墩柱，最终定型。

摄影师镜头里的栈桥，长虹卧波，海水湛蓝，礁石点缀，美得令人心动。实际上，当你挤在摩肩接踵的人群中缓慢腾挪时，肯定会暗骂"照骗"。所以务必赶早来，至少照片里不会有陌生人陪你合影。冬季，西伯利亚海鸥飞来越冬，欲与游客试比多，也嗷嗷等待游客投喂。

NOTES

除了上楼参观，也可以在楼下用餐或喝咖啡，环境非常出片。

❸ 圣弥厄尔教堂

☐ **城市探味**

中山路壹号·传奇club

开在青岛国际俱乐部旧址内的餐馆，光是冲着建筑本身和配备的古董家具，也值得进来吃一顿格调不俗的正餐，况且供应的是德系西餐，简直不能更应景了。用餐体验也很棒，德国烤猪肘和香肠收获百分百好评，再配一大杯青岛啤酒，你便真的融于这栋房子的百年历史了。

（10元；周一至周六8:30—17:00，周日12:00—17:00）圣弥厄尔教堂是老城区最醒目的建筑，它的两座攒尖塔楼大老远就会侵入视线，周围至少辐射了五条马路，不管你从哪里出发，最后总会条条大路通往这里。

教堂完工于1934年，是中国唯一的祝圣教堂，本地人更习惯叫它"浙江路天主教堂"。建成之初，除了是教堂，里面还开办学校和医院，在抗日战争期间救济过贫寒者和伤病员。教堂线条明快，外立面有券式门窗和玫瑰窗，内部祭坛穹顶有大幅圣像壁画，不过总的来说，细节不如整体耐看。

教堂东侧，是比天主教堂早30年建成的礼拜堂，一层为中式清水灰砖墙，二层为白色欧式风格，上有绿色尖顶，西立面的曲线图案石雕山花很有特色。教堂西侧，带有两座绿色盔式塔楼的红瓦坡顶建筑，是与礼拜堂同年建成的圣心修道院旧址。

❹ 青岛邮电博物馆

（免费；5月至10月9:30—18:00，11月至次年4月10:00—17:00）1898年，海因里希亲王提出在青岛盖一座邮政大楼，最初帝国邮局只是以租户的身份入驻，直到1910年才拥有这栋楼的产权。建筑主体为清水红砖，仅护墙和拱券为清水粉墙，立面的两个转角为哥特式塔楼，红瓦斜坡屋顶上开着弧形老虎窗。

一楼的接待大厅还保持着20世纪老邮局的模样，陈列了很多古董电话。你可以写一封信寄给未来的自己，"慢递"服务费用根据你设定的"未来"有多长来决定。你也可以买张明信片，满满一桌的图章，简直就是盖章控最想掉进的"米缸"。二层、三层为博物馆展厅，介绍了青岛百年邮电发展史，逛电报机展厅很长知识。乘电梯上四层就是塔楼，这里属于良友书坊，里面保留了原来的木质构架、花窗玻璃，怀旧风十足。

❺ 江苏路基督教堂

（10元；周一至周六8:00—18:00，周日11:30—17:30）这座青岛人最喜欢的建筑就像童话里的古堡，无论造型还是颜色，都符合浪漫想象。

教堂完工于1910年，有意思的是，有11位德国建筑师参与设计"竞标"，罗克格拿下了第一名，但建筑最重要的塔楼和南立面却采用了第三名的设计方案。

教堂由相连的钟楼和礼堂组成。外墙99%为奶黄色，以水泥砂浆抹面，下部砌筑蘑菇石，各边角也镶以花岗岩作装饰。钟楼顶部为绿色铜片穹顶，陡峭的红瓦斜屋顶下以条石勾勒弧形檐口，很好平衡了几何线条的硬朗感。礼堂内部为纯白色基调，镶着几扇漂亮的花窗，简洁中显圣洁。

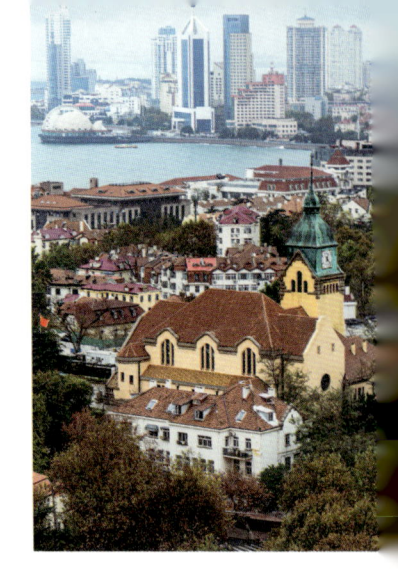

通往钟楼的旋转楼梯窄得仅容一人通过，楼顶悬挂着三口铜钟，下面是1909年德国生产的巨型机械钟，它已走了100多年，还在为青岛人精准报时。

❻ 青岛德国总督楼旧址博物馆

（20元；9:00—19:00，周一闭馆）在德国人建造的花园别墅中，属总督的官邸最华丽、最不惜成本、最讲究细节。建筑正面的山墙上雕有诺曼龙头，屋顶安装了200余枚叶片组成的通风系统，每个房间的吊灯和壁炉都不一样。建筑中还有一个室内阳台，屋内家具多为德国制造，包括一架1876年的象牙琴键钢琴。

细数它的历届主人，相当于一部浓缩的青岛近代史。20世纪初建成时，先后两任德国总督住在这里；1914年日占时期，它成为日本守备军司令的官邸；1922年收复青岛主权后，改为胶澳商埠督办官邸；1930年国民党政府接管青岛，它先作为市长官舍，后为招待贵宾的迎宾馆；1938年日本再次侵占青岛，它成为日军的俱乐部；抗战胜利后，恢复为迎宾馆。然而，这些住进去的大人物几乎都没什么好结果，不是官运不顺，就是被枪毙、遭枪杀，以至于中华人民共和国成立前它一直被视作凶宅。

❼ 信号山公园

（公园免费，旋转观景楼10元；6:00—20:00）在成为信号山公园前，老青岛人习惯叫它"挂旗山"，因为德国人之前在山顶设信号所、无线电台，悬挂以示风力、气候的旗帜，引导船只进出胶州湾。

10分钟就能爬到山顶，山高不足百米，但是俯瞰老城已足够。山顶有三座红色圆顶蘑菇楼，宛若火炬，其中一栋为旋转观景楼，360°旋转，20分钟赏景，但晕车者可能会觉得花钱买罪受。其实不花钱上楼，视野也不差，近看青岛老城、远眺大海都无死角。信号山赏日落绝美，夕阳柔和地洒在红瓦屋顶上，晚霞在海面上烧得如火如荼，不必附会欧洲任意一座城市，眼前的青岛美得独一无二。

青岛

武汉

大武汉的万象江湖

"茫茫九派流中国，沉沉一线穿南北"，因江而兴的武汉既有大开大合的风光和历史，又有深厚的码头文化造就的市井江湖气。不妨放慢脚步，用上一天时间来慢慢体味长江两岸的时空穿越感：上午在黄鹤楼和武汉长江大桥徜徉，沉浸在千年吟咏不绝的诗词里；下午来到江汉路和租界区的"街头历史博物馆"，置身近代风云与异国情调中；夜晚再登上一艘长江游船，看璀璨的霓虹光影点亮摩登都市的天际线。4月前后，漫天粉白的樱花装点着半城江色，半城湖光，武汉浪漫的一面在此时尽显。

步行游览从武昌开始，人们脑海中最传统的武汉符号都聚集在蛇山这一带。1911年10月10日，"武昌起义"打响了辛亥革命的第一枪，蛇山下的 ❶ **辛亥革命武昌起义纪念馆**见证了封建帝制的土崩瓦解。一路之隔的蛇山上，坐落着武汉地标 ❷ **黄鹤楼**。从黄鹤楼景区西门出来，沿着引桥就走上了 ❸ **武汉长江大桥**。在北桥头堡下电梯到地面，来到中华路1号码头乘船渡江。

只需20分钟，你便从历史感满满的武昌，来到时髦又洋气的汉口，岸边的龙王庙正是汉江与长江的交汇口，旱季还能欣赏汉水清、长江浊的"泾渭分明"之景。从武汉关码头下轮渡，先到 ❹ **江汉关博物馆**了解汉口近代史，再沿着 ❺ **江汉路步行街**欣赏百年老建筑。1.6公里长的街道熙熙攘攘，你可以全程走完个往返，也可以直接从半途进入 ❻ **鄱阳街**。鄱阳街聚集着一系列民国建筑、教堂，以及由老里份、老厂房打造而成的时尚街区。接下来，惬意的 ❼ **黎黄陂路**将文艺店铺融到历史建筑中，可以来体验老时光里的慢生活。最后回到长江边，在 ❽ **汉口江滩**散散步，傍晚到粤汉码头登船，将一城繁华尽收眼底。

全程约 5km

❶ 辛亥革命武昌起义纪念馆

（免费；9:00—17:00，周一闭馆；免费讲解：9:30、10:30、14:30、15:30）

孙中山铜像身后，这座中西合璧风格的"红楼"见证了从清末帝制向中华民国过渡的重大事件——它本是用于维护清政府统治而建的湖北省谘议局，武昌起义的第二天，革命军就在这里组建了中华民国军政府鄂军都督府，转而成为推翻帝制的司令部。在南京临时政府成立前，这里一度代行"中华民国中央政府"的职权。如今里面复原了当年湖北军政府各机构的办公场景，也开辟了关于辛亥革命武昌起义的史迹展览。

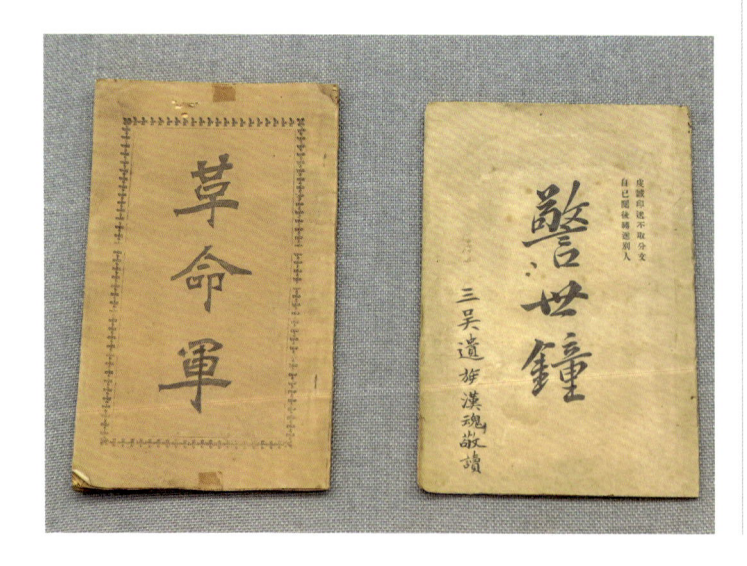

❷ 黄鹤楼

（70元；8:30—17:00）"故人西辞黄鹤楼，烟花三月下扬州"，李白诗中的黄鹤楼在长江边的黄鹄矶上矗立了两千多年。1957年修建武汉长江大桥时，清代黄鹤楼遗址被占。1985年，新黄鹤楼在距离旧址千余米处的蛇山岭上拔地而起，金黄色的琉璃瓦辉耀耀目，60个翘角层层凌空。入夜之后，霓虹与射灯营造出一座空中楼阁，悬在城市上空。

步入黄鹤楼，高达9米的彩色陶瓷壁画《白云黄鹤图》映入眼帘。一路上行，分别有黄鹤楼建筑的历史演变、唐宋大家的黄鹤楼诗词壁画以及仿古屏风和隔扇的展览。登上五层，可将红楼、京广铁路、长江大桥和两岸天际线尽收眼底。黄鹤楼景区看点颇多，可以慢慢游览。

📷 拍摄点

对象：火车驶过黄鹤楼
机位：武汉长江大桥引桥武警岗亭
最佳时间：傍晚火车较为频繁

❸ 武汉长江大桥

对武汉人而言，大桥是三镇一市的纽带，也是武汉的城市象征。"一桥飞架南北，天堑变通途"，1957年10月，全长1670米的"万里长江第一桥"于武汉江面最窄处的龟蛇二山之间架通，京汉铁路和粤汉铁路连接成完整的京广铁路，火车轮渡从此退出历史舞台。

在武警岗亭前拍一张黄鹤楼与火车同框的经典定妆照，然后来到大桥的北桥头堡，在这座仿古双檐小角亭中眺望两岸三镇后，乘坐电梯下到地面，可以到大桥南侧看看武汉长江大桥建成纪念碑，同时近距离观察铁路桥结构。之后回到桥墩下，找找"黄鹤楼故址"石刻——在大桥修建之前的千余年间，黄鹄矶与黄鹤楼曾矗立于此。

❹ 江汉关博物馆

（免费；9:00—17:00，周一闭馆）

自1924年落成至2012年，气势恢宏的江汉关大楼一直是武汉海关的所在地。2015年，这里作为展示武汉城市现代化历程的江汉关博物馆开放。从中英《天津条约》签订后汉口开埠到列强在租界的势力划分，从湖北新政下民族工业的起步到辛亥革命后的城市变革，从武汉中华人民共和国成立后的建设成就到2049年的展望，这座博物馆带你从武汉的近代一直走向未来。博物馆二层的室外是观看钟楼的最佳位置，江汉关的钟声在8:00—21:00的每个整点都会敲响。

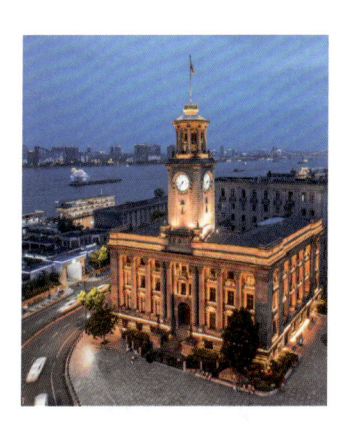

🏙 城市探味

户部巷美食街

有"汉味小吃第一巷"之称的户部巷虽然被打造成了景点似的美食街，不过仍藏着几家历史悠久的店铺，包括在户部巷落户40年的石记石太婆热干面，以及历史悠久的老谦记豆丝、四季美汤包和蔡林记等，后两者在武汉有多家分店。

吉庆民俗街

武汉民间一直流传着"过早户部巷，宵夜吉庆街"的说法，现在汉口水塔后面的吉庆民俗街是可以从早吃到晚的地方。四季美汤包、谈炎记水饺、老通城豆皮大网、德华楼等武汉小吃老字号自是主角，还有历史近300年的汪玉霞，武汉人都知道"汪玉霞的饼子——劫数（绝酥）"，很适合买点做伴手礼。

> 城市杂谈

无过早，不武汉

"过早"是武汉对"吃早餐"特有的说法，清道光年间叶调元的《汉口竹枝词》中，"三天过早异平常，一顿狼餐饭可忘。切面豆丝干线粉，鱼氽元子滚鸡汤"描述得最为形象。作为"九省通衢"之地，来自五湖四海的烹调手法与当地食材碰撞出了以鲜、香、快、热为特色的汉味小吃，迎合了当时繁荣的码头文化——工人们每天早早出门做体力活，养成了户外"过早"的习惯，而这"一顿狼餐"必须管饱抗饿，因此以高碳水、高蛋白、油多酱浓的食物为主。

虽然码头文化已经远去，但"过早"的传统和经典的汉味小吃却延续下来。老字号连锁店舒适的环境适合慢品细尝，但当地人认为，没在街边的塑料凳上"过早"，就不算走进过武汉的早餐江湖。热干面、三鲜豆皮、糊汤粉、汤包、烧卖、豆丝、面窝、蛋酒……曾有武汉网友在微博上连续28天晒早餐，且天天不重样。如果你时间有限，可以试试经典组合：热干面配蛋酒、豆皮配桂花糊米酒、糊汤粉泡油条。

❺ 江汉路步行街

百年前英租界和华界的结合部，如今已是武汉最有名的商业步行街和街头历史博物馆——古罗马风格、文艺复兴式、拜占庭风格等十多栋风格各异的历史建筑相峙左右，老建筑门口的铭牌都有简介，有几座现为商场或银行营业厅，可以进去感受一下气派的大厅。

从最南端的江汉关博物馆出发，它的斜对面，现为美仑国际酒店的转角大楼原是日清轮船公司，前面的日信洋行是日清轮船公司的高级职员宿舍。北边的永利银行旧址是中华人民共和国成立前武汉兴建的最后一座大型现代建筑。跨过洞庭路，右侧红色的中国实业银行旧址是20世纪30年代武汉三镇高楼之最，也是近代著名建筑师卢镛标的代表作之一。简约风格的四明银行汉口分行旧址同样出自卢镛标建筑事务所。

❻ 鄱阳街

转入鄱阳街，右边便是建于1874年的罗马式教堂上海路天主堂。接着到两边的小路里看看，左边的南京路有老汉口最具人文气息的里份（武汉传统建筑群落）咸安坊，右边青岛路的平和打包厂旧址则有腔调十足的工业风，这片始建于1905年的建筑群起初是英国商人在汉口租界区建立的羊毛、棉花等物资的打包仓库，现在是武汉现存最完整的早期工业建筑。回到鄱阳街继续前行，新打造的复古街区平和坊亦是繁华都市中一隅难得的静谧之地，不远处便是拜占庭式的汉口东正教堂。随后还能看到八七会议会址纪念馆和当时汉口最大最高级的公寓楼巴公房了旧址，后者呈砖红色，非常醒目。

❼ 黎黄陂路

这片区域曾于1897年辟为俄租界，1946年回归国民政府时，就已经是当时武汉最摩登的街区之一。600多米长的街道绿树掩映，17座租界时代的欧陆风格建筑与武汉传统的老里份民居完美融合，是汉口的另一座"街头博物馆"。这里餐饮、潮店汇聚，不仅适合享受"洋气"的慢生活，也很适合街拍——与胜利街交会处，有阶梯状红砖外墙的日伪汉口放送局旧址最受追捧。

路南端坐落着宋庆龄汉口旧居纪念馆。1926年底，国民政府从广州迁到武汉，宋庆龄也在此时来到武汉，在这座俄式小楼里工作和居住了7个月。

❽ 汉口江滩

花上一两个小时漫步，也看不完这座长约10公里的临水公园。最具人文气息的一段位于南边大智门到五福广场的2公里间，以万里茶道、诗画三峡、粤汉铁路、码头文化等为主题的雕塑园、展览馆、博物馆和纪念碑讲述着武汉近现代的历史大事件。若想了解长江与武汉的渊源，别错过武汉横渡长江博物馆（免费；周一和周二闭馆）。

每天19:00—22:00，点亮两江四岸的长江灯光秀准时上演。晚饭后，可在江滩上的粤汉码头登上一艘两江夜游船，吹着江风吃着小吃，欣赏两岸流光溢彩的天际线。

广州

广州上下两千年

　　从广州建城伊始的北京路，到清末商机无限的珠江边，从千年遗存到百年沧桑，这片区域始终主导着城市的政治风云。这条线路将带你追寻"羊城"的来历，了解"十三行"的经商传奇，出发时还在岭南特色的骑楼下，终点已身处洋房林立的欧风情调中。路线不短，细走慢品可花去一整天时间，好在沿途美食不断，走走停停，喝一盏老火靓汤，尝几款广式糖水，试一口老广的"续命神器"凉茶，虽然挺费腿，但舌尖还在期待下一波高潮。

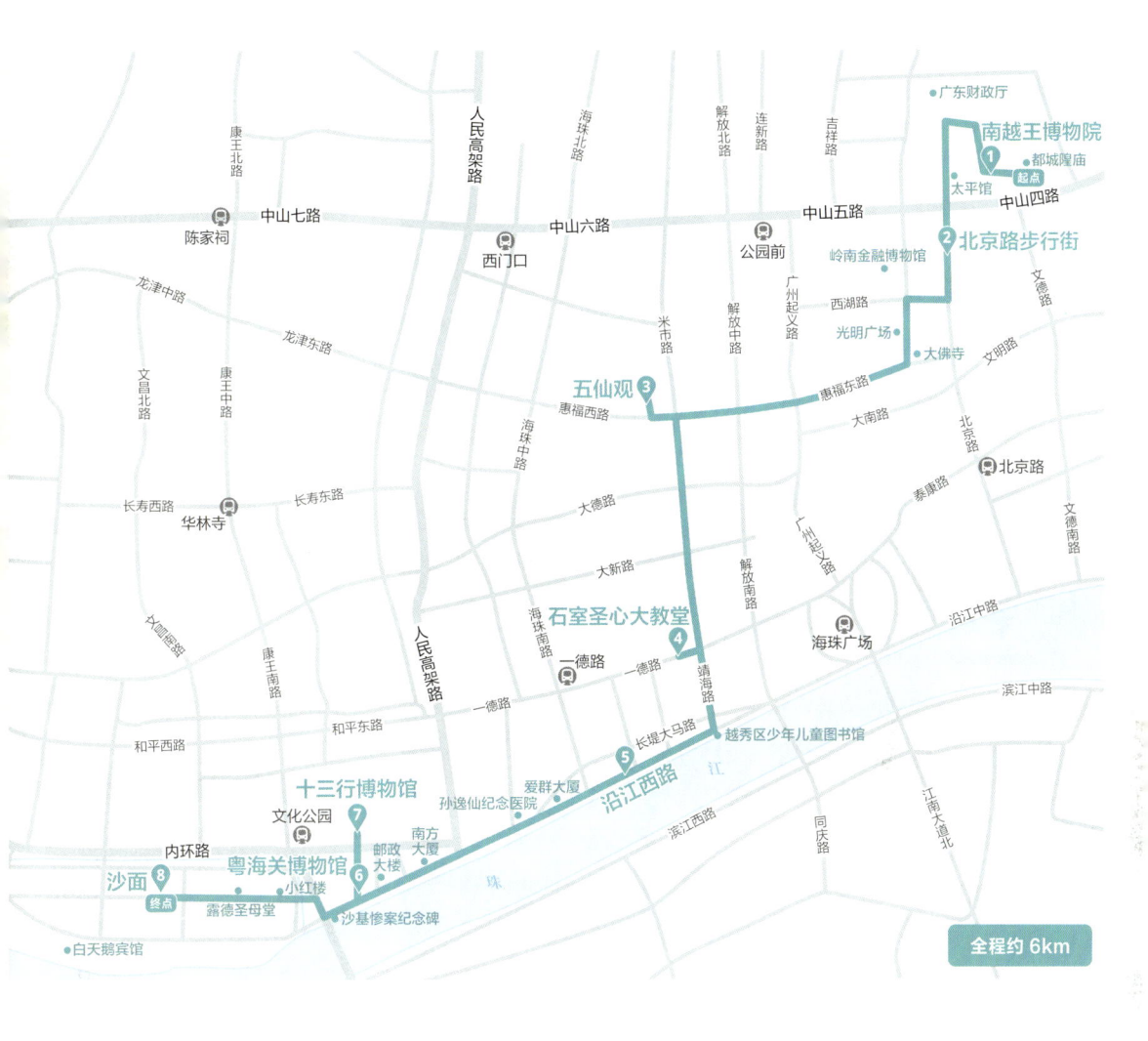

从都城隍庙出发，一个"都"字点出了它曾经的江湖地位，虽然修缮后已不复当年规模，但250平方米的金底漆壁画新作还是很抢眼。都城隍庙对面就是❶**南越王博物院**的入口，西门出口就在❷**北京路步行街**上。看一眼旁边折中主义风格的广东财政厅后，一路向南，路过创于清光绪年间的太平馆，它是广州第一家西餐馆，承办过周恩来与邓颖超的婚宴。穿过中山四路，进入北京路的核心地段，在西湖路右转就会看到大佛寺的背影，从寺庙西门出，去对面的光明广场负一层看看南越国木构水闸遗址。

接着向南插到惠福东路，找家餐馆犒劳"五脏庙"。吃吃喝喝向西走上1公里，便是❸**五仙观**。接着继续向南到一德路，在成为之前这里是广州的南城墙，后来成了海产干货一条街，高耸的❹**石室圣心大教堂**也位于此。

继续向南小走一段，就是长堤大马路和❺**沿江西路**。晚清名臣张之洞上任两广总督后，命人从天字码头开始沿河岸修筑马路，修完路再盖楼，百货公司、戏院、酒店纷纷开业，成了民国广州的"小外滩"。一路"西堤walk"到西端的邮政大楼和❻**粤海关博物馆**，这两座欧罗巴风格的大楼是沿江建筑群的颜值担当。粤海关正对的珠江边有一座沙基惨案纪念碑，纪念的事件与"五卅惨案"有关。

背江走5分钟就是文化公园，参观❼**十三行博物馆**后，余下时间全部留给0.3平方公里的❽**沙面**。

❶ 南越王博物院

（免费；9:00—17:30）广州也曾是"三朝古都"，只不过三朝都很短命，远不如跻身"北上广"值得自豪。第一朝古都是公元前203年由赵佗建立的南越国，辖今天广东、广西的大部分地区。南越国没撑满百年就被汉武帝灭了，倒是南越王在广州的宫苑历经2000多年还在，成为中国目前发现年代最早的宫苑实例。

博物馆建于遗址之上，最美妙是一片大型的石构水池和曲流石渠，沿着步道深入，还有不同朝代的水井、暗渠，以及亲水平桥、步石等，你大致能描摹出一幅南越王在园林中闲庭信步的画面。楼顶1:1复制的御花园也十分美妙。

第二朝古都南汉国登场时已是五代十国，有意思的是，时间跨越1000多年，宫殿还在这里，所以你会看到叠压的两朝古都宫殿遗址。

❷ 北京路步行街

南越国定都番禺，并非今天的番禺区，而是以昔山和禺山命名的地界。昔山、禺山就在今天的文德路、禺山路一带，即北京路旁边。而在北京路南端、珠江边的天字码头，起初是专供官员使用的码头。可见，广州自建城起，北京路始终是政治中心。也因此，它虽在喧闹的商业步行街，却不乏考古遗迹。

步行街的中央隆起一排钢化玻璃罩，下面躺着"五朝十一层"的千年古道遗址，包括南汉的路基、唐代的铺砖路、宋代的青灰砖、明清时的黄沙岩石板，以及民国的麻石板路面。

旁边巷子里的大佛寺始于南汉，林则徐曾把"收缴烟土烟枪总局"设在这里。大雄宝殿上的"阐扬三密"匾额由孙中山手书。更西一点的大马站、小马站、流水井街区在清代是一片书院群落，曾经的庐江书院已改作岭南金融博物馆。

❸ 五仙观

（免费；9:00—17:00）传说周朝时，广州连年灾荒，稻、黍、稷、麦、菽五谷神仙，手持稻穗，骑着五色仙羊而来，留下谷穗，祝福此地永无饥荒，就飘然而去，留下五羊化为石头，这便是广州的别名"羊城""穗城"的由来。

西汉时期，广州人为纪念五位仙人建了五仙观。五仙观历史上曾多次迁址，如今这座是明洪武年间的产物。观内最大看点也是三处明代遗存，后殿是广州现存最完整的明代宫殿式木构建筑，此外还有红砂岩石砌的钟楼及里面的青铜钟。

❹ 石室圣心大教堂

（免费；周二至周五9:00—11:00、15:00—17:00，周末9:00—17:00）不亲临现场，你很难相信，在蔓延着咸鱼味的一德路上，竟矗立着一座恢宏、优雅的哥特式教堂，且是中国最大的石结构天主教堂，也是全世界四座全石结构的哥特式教堂之一。

教堂所在的位置原是两广总督的府邸，第二次鸦片战争期间，被英法联军的炮舰轰成一片废墟。战后，法国传教士买下这块地，请来法国设计师，历时25年才把它建成。

教堂平面为拉丁十字形，正面并排三座券门，中间嵌着雕刻精致的玫瑰花窗，两端高耸八角尖顶石塔，其中西塔镶嵌着机械大时钟。内部也完美复刻了欧洲中世纪教堂的风范，尖拱、飞扶拱、交叉肋拱轻盈又华丽。玻璃花窗绘满《圣经》故事，阳光灿烂的日子里，彩窗折射出梦幻般的光影。

🏠 城市探味

惠福东路

从云吞面、布拉肠到新式早茶、传统粤菜，惠福东路应有尽有。早上来，就去银记肠粉店吃碟布拉肠；午餐时段，大头虾越式风味餐厅若不等位是个好选择，否则就去巧美面家简单来碗云吞面；晚餐可以去富临食府尝尝地道的家常粤菜，或去对面的点都德吃点心，来个早茶晚吃。

文明路

文明路骑楼下有不少出品稳定的老字号。达杨原味炖品主做老火靓汤，30多种炖品涵盖清热、滋补、健脾、驱寒等功效，鲜中带甜的椰子炖竹丝鸡最受欢迎。九爷鸡主做豉油鸡和白切鸡，你可以点份双/三/四拼饭，遍尝各种烧腊。百花甜品店写满整面墙的几百种广式糖水，直叫选择障碍症抓狂，别为难自己了，红豆沙、凤凰奶糊总错不了。

❺
沿江西路

沿江西路旧名为"西堤大马路",最早由张之洞主持修建,由于施工缓慢,加之后续扩建等,用了20多年才最终定型。这里集中了大量近代建筑,虽不像上海外滩那么气派整齐,也称得上是广州最有排面的建筑群。

越秀区少年儿童图书馆曾是"虎标"万金油的创始人胡文虎的"永安堂"。位处沿江西路和长堤大马路三角地段的爱群大厦,建于1937年,之后霸榜广州第一高楼30年。孙逸仙纪念医院原名博济医院,是中国第一所西医医院,1886年,20岁的孙中山曾在医院下属的博济医学堂就读一年。南方大厦是爱群大厦崛起前的广州最高楼,最初是百货公司。新古典主义风格的邮政大楼建于1916年,由英国人设计,最早是大清邮政局,如今仍是邮局,门口的八个邮筒对应"新羊城八景"的风景戳。

❻
粤海关博物馆

(免费;9:00—16:00,周末闭馆)清康熙年间,粤海关是全国四个海关之一。乾隆年间,清廷关了江、浙、闽三大海关,只留广州一口通商,令它成了"中国海关"的独家代言,地位之重不言而喻。

沿江路上这栋醒目的白色钟楼建筑,历史并没有这么久,它落成于1916年,是当时的粤海关税务司公署。建筑为新古典主义风格,入口处山花高耸,爱奥尼式双柱贯穿二三层的外廊,顶部是由八组塔司干双柱支撑的穹隆顶钟楼,早8点和晚8点会响起威斯敏斯特钟声。

建筑内部的看点也多:脚下的地毯图案,就是大楼原来的马赛克大理石图案;电梯是全广州第一部;所有房间的木质百叶窗采用弹簧铰链,可内外双开;墙裙饰以"冬瓜青"釉面瓷砖,会随日光、温度、湿度影响而变色。

❼ 十三行博物馆

（免费；9:00—17:30，周一闭馆）

在康乾两朝盛世时，清廷为方便管理，实行保商制度，规定洋船抵达广州后，必须找一家洋行作担保，全权经办外贸，并代表朝廷与洋商交涉。这些朝廷唯一承认的拥有对外贸易特权的行商，最初有13家（后期有增减），它们不但负责包销洋货、代缴关税，还在自己的行馆附近修筑商馆，租给外商居住。"十三行"既指从事外贸业务的商人群体，也是外国商馆云集的地区名。

鸦片战争后，"十三行"迅速衰落，1822—1856年的三次大火将外国商馆焚烧殆尽。博物馆建在文化公园内的十三行遗址上，外观普通到叫人完全提不起劲，里面的展品却能"亮瞎眼"。一楼全面梳理了十三行的历史，二楼为私人捐赠的文物展厅，以十三行外销的工艺品为主。什么叫"中国风"奢侈品，进去看看你就懂了。

❽ 沙 面

第二次鸦片战争爆发后，广州民众焚毁十三行外国商馆，给了列强进一步侵吞土地的借口，1861年《沙面租借条约》签订，沙面被划为英法两国的租界。此后，沙面建起12国领事馆、9家外国银行、40多家洋行、两座教堂，以及外国人的住宅、俱乐部、公园、巡捕房等，并在北端开挖河涌，把本是沙洲的沙面变成独立的小岛。

沙面不大，仅0.3平方公里，当年植下的102株小树苗，如今都已百岁高龄，参天林立在三横五纵的街道两旁，掩映着新巴洛克、仿哥特式、新古典主义、维多利亚式的建筑。最东端有栋清水红砖的小红楼，是以前的粤海关宿舍；哥特式的露德圣母堂前总有新人在拍婚纱照；江边耀眼的白天鹅宾馆是中国内地首座中外合资的五星级酒店。

沙面多年来不改优雅、安宁的姿态，哪怕只是在其中随便走走也很惬意。

广州

走读百年西关

对"老广"来说,西关就是乡愁,它以"西关小姐""西关大屋"为标签,代表了一个富贵繁荣的时代。这里有广州最长的骑楼、最早的步行街、最老的老字号,依偎着温婉的岭南水乡。老村落生出了新气象,也不改街坊间充满烟火气的生活,骑楼下、河涌旁藏着地道的美食,青砖趟栊内不时飘出粤剧旋律。这片区域没有特别重要或严肃的景点,它就适于闲逛,放慢脚步,在平常街巷中探寻老广州的独特魅力。

全程约 4km

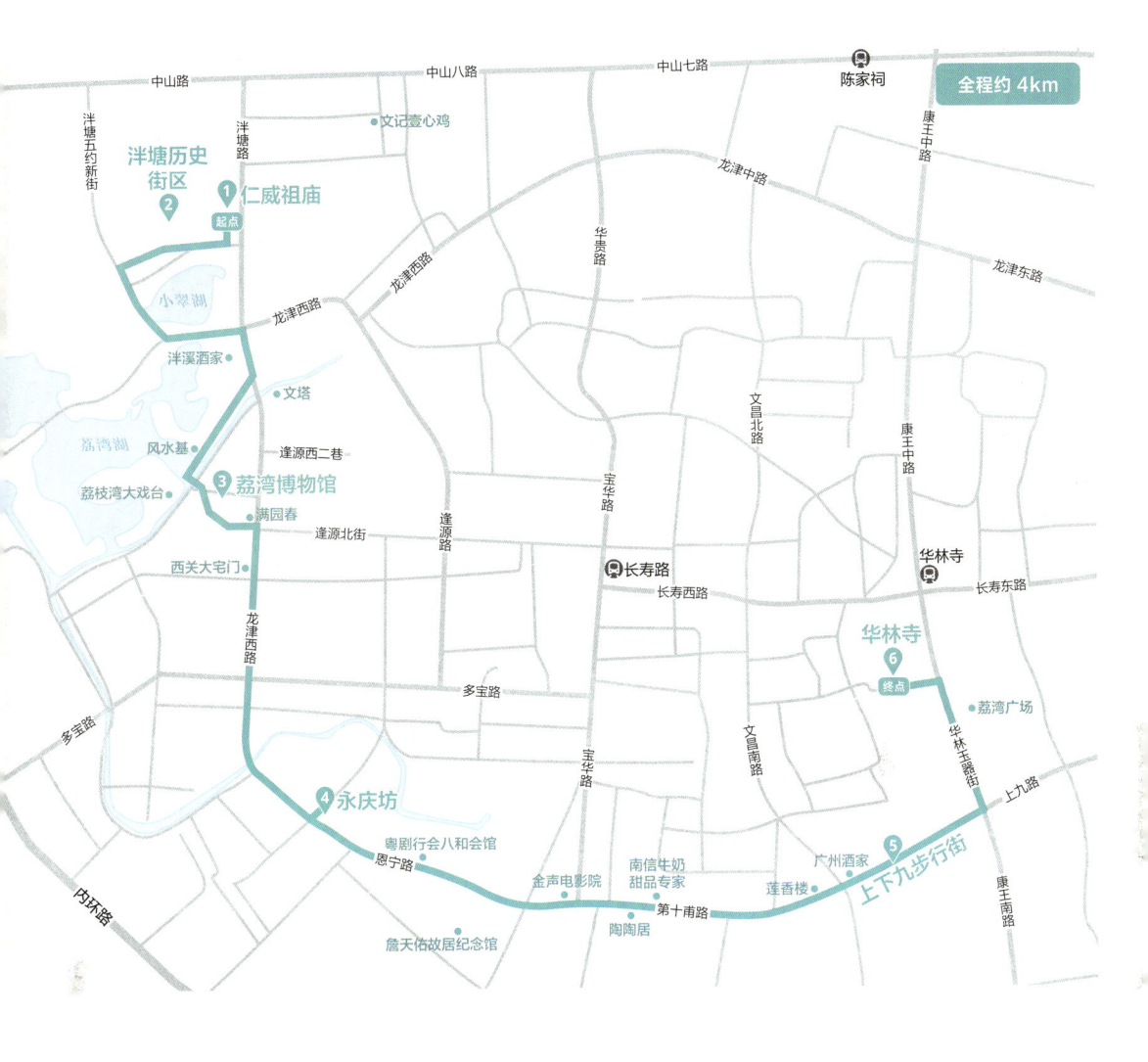

先去小翠湖北侧的 ❶ **仁威祖庙**，然后沿湖向西，进入 ❷ **泮塘历史街区**。逛一圈后穿过向南抵达龙津西路，出去就是岭南建筑大师莫伯治操刀的泮溪酒家，在全国最大的园林酒家里吃早茶是不错的体验。

龙津桥对面有座明清时的文塔，看完转入桥下的风水基，沿着名为荔枝湾涌的小河浜走，顺便买几个钵仔糕、鸡仔饼吃吃。枝繁叶茂的古榕树下，荔枝湾大戏台每天下午有粤剧演出。过桥就是 ❸ **荔湾博物馆**，参观完继续在周围小巷中找找仍然鲜活的西关民居。转入龙津西路前，留意路口的满园春，券拱门骑楼配西式圆窗的组合很是特别，这栋建筑的前身是清末广州六大当铺之一。往南走几步，西关大宅门的青砖外立面同样耀眼。

在龙津西路南端转上恩宁路，这条全广州最长、最完整的骑楼街曾是著名的商贸大街，如今只剩些五金日杂类的老店铺了。去背后的 ❹ **永庆坊** 走走，再绕回恩宁路，你会路过粤剧行会八和会馆古朴的大门，斜对面的巷子里有中国铁路之父詹天佑的故居纪念馆。

再度返回恩宁路，继续往东，经过成立于1932年的金声电影院，它是我国第一个有声电影院。再往前就是热闹的 ❺ **上下九步行街** 了。在荔湾广场前穿过华林玉器街，最后在 ❻ **华林寺** 结束本次行程。

125

❶ 仁威祖庙

（免费；8:00—17:00）仁威祖庙始建于1052年，是一座道教宫观，供奉北帝真武帝。北帝为水神，据说以前远航来广州做生意的洋人也会入乡随俗来拜拜真武帝，以祈求风平浪静。这里也是广州人春节拜太岁的地方，殿内供奉着六十甲子所属的60位"太岁神"。

建筑是典型的明清岭南风格，筒瓦屋顶上高耸着棱角分明的阶梯形风火墙，正脊和两侧的风火墙上装饰着陶塑、灰塑等，大门屋檐上，制于1701年的16块贴金木雕位列全城最精美的木雕行列，内部也有形式丰富的木雕可赏。

❷ 泮塘历史街区

挨着荔湾湖的泮塘村是昔日西关富商的后花园，因其最初是一片池塘洼地而称"半塘"，后演化为"泮塘"。泮塘有一至五约，"约"是比村更小的聚落单位，五约的村落形态最完整，所以成为广州首个以"保留"为目的的城市更新项目，保留的是村落的肌理和老房子，更新的是原住民的生活环境。

改造后的泮塘历史街区，青砖石板小巷不变，民居也保持着麻石门套、蚀花玻璃满洲窗的老样子，墙上多了广府风情的涂鸦和艺术装置，不少青砖趟栊的老屋变身为咖啡馆、书店、艺术工作室等。

有人觉得这里就是西关版的"有风的地方"，不过，当你在毫无章法的街巷中找不着北，被导航"带到沟里"时，可能就会在不经意间发现它镜头外的烟火气。

❸ 荔湾博物馆

（免费；9:00—17:30，周一闭馆）
荔湾博物馆由4栋不同风格的建筑组成，既展示了百年前不同身份的人物的居住空间，也通过与建筑相辅相成的陈设和展品，徐徐展开西关的风俗风貌画卷。

陈廉仲故居为白色洋房，是民国时广州商会会长陈廉仲的宅邸。同为西洋风格的陈廉伯公馆，属于民国的英商汇丰银行买办，曾用作荔湾俱乐部，是洋务人员和工商界巨头的聚会场所，里面的旋转楼梯、巴洛克式弧形窗套非常出片。

西关民俗馆坐落在一栋西关大屋内，房屋不大，布局精巧，主厅、偏厅、天井、书房、饭厅、卧室、闺房等都被安排得明明白白，你将领略趟栊门、满洲窗、天窗等岭南建筑元素。

蒋光鼐故居属于一代抗日名将，凹字形内庭结构的民国建筑宏大又严肃，岭南风格为基底，也融入了一些西洋元素。

城市探味

南信牛奶甜品专家

距离百年老店只差10年——光这一点就足以称霸广州糖水界了！南信最拿手的是双皮奶，你如果点份热的双皮奶，就能吃出南信与别家的区别：厚实。姜汁撞奶、凤凰奶糊、红豆沙也都做得很好。除了糖水，这里也有肠粉、云吞、牛三星等，可以一站式品尝广州小吃。

文记壹心鸡

店家一心做鸡，你也只管一心吃鸡，其他菜可以忽略。这里主打清平鸡，特殊在哪？在豉油鸡、白切鸡、盐焗鸡等分类中，它属于白切鸡中的"战斗鸡"，鸡看着平平无奇，吃一口则皮爽肉滑，连本该柴的部位也滑嫩无比。

❹ 永庆坊

作为恩宁路的明星，永庆坊声称用"绣花功夫"改造，但效果褒贬不一。巷子仍是麻石铺路，塞满了餐馆、咖啡馆、"非遗"店铺和文创店等，乍看很时髦，但也有点庸俗。喜欢它的人觉得它很潮，讨厌它的人觉得它只剩下吵，但无论哪一派，都会在几处有分量的景点前握手言和。

抗日战争结束后，著名的粤剧行会八和会馆在恩宁路重建，许多粤剧名伶便搬来附近居住，永庆坊自然而然成了戏班子中心。这里的故人和故事多与粤剧有关，例如李小龙祖居的主人李海泉，即李小龙的父亲，就是20世纪40年代粤剧四大丑生之一，而銮舆堂曾是八和会馆下的武打行。粤剧艺术博物馆（免费；9:00—21:00，周一闭馆）内全面介绍了粤剧的发展、名伶、戏服、道具等，建筑本身是岭南园林式风格，也值得逛逛。

🗨 城市杂谈

西关小姐的西关大屋

广州人常说"西关小姐，东山少爷"，指的是清朝西关富商扎堆，民国东山多出达官。"富二代"与"官二代"早已是过去时，西关与东山成为怀旧的符号。而西关由于迟迟没被推倒重建，更是成了老城区的代名词，西关大屋代表了岭南传统建筑，西关美食就是广州最地道的小吃。

西关的位置大致在西门口地铁站以西、中山路以南，也就是以前十八甫、十三行的所在。清朝，靠对外贸易发迹的十三行商人们，广泛在西关购地置业，建起一栋栋青砖石脚的深宅大院，也就是今天所称的西关大屋。这些"豪宅"通常为三间两廊，中轴对称，屋内敞厅、天窗、小巷、天井和内院等环环相扣，又适于通风。窗多为木框架嵌彩色玻璃的"满洲窗"。大门最有特点，门为三重，是标准的"三件套"。最外是超过肩高、有雕花的脚门，能保护隐私；中间为横格趟栊门，既采光也通风；最后一层为板门，也就是传统意义上的大门。你能在多宝路、宝源路、宝华路和龙津西路一带找到不少保存较好的西关大屋。

受洋人影响，西关大屋内的千金们没有被束之闺阁，她们知书达理，打扮时髦，甚至留过洋见过世面。人们之所以怀念"西关小姐"，大概也是怀念那个旧时代里难得的开明风气。

⑤ 上下九步行街

在"70后""80后""90后"的广州人记忆里,青春有各种精彩,但上下九从未缺失。这条商业步行街自1995年建成以来,已经陪伴几代人度过青春:和同学吃街边摊、和男朋友约会、和闺蜜扫街购物、赴长辈亲朋之宴……

上下九实际由相连的三条街组成,从东到西分别为上九路、下九路、第十甫路,总长1.2公里。在成为步行街之前,它已兴旺了数百年。明代,广州城西开凿大观河,沿岸买卖日盛,西关商号云集,形成18条以"甫"为名的街肆,其中的上九甫和下九甫就是今天的上下九。

尽管最近十来年,随着天河、珠江新城等新商业中心的崛起,它已明显跟不上节拍了,但身在"老态龙钟"的老城区,仍扮演着重要商圈的角色,尤其是陶陶居、莲香楼、广州酒家三大老字号,凭着每天雷打不动的铁杆老粉,吊打所有"网红"店。

⑥ 华林寺

(免费;8:00—17:00)被奉为中国禅宗始祖的菩提达摩,在南朝梁武帝年间,从印度渡海而来,他在上下九附近登陆,建立第一处道场"西来庵"。清顺治年间,古庵扩建,改名华林寺,当时占地近5万平方米,僧人过千。

20世纪,寺庙一度断了香火,建筑被拆的拆、移的移,但还是留了点老东西。汉白玉舍利塔造于康熙年间,曾在塔基发现石、木、铜、银四层宗函,内藏22颗佛陀舍利。呈"田"字形的五百罗汉堂建于道光年间,是全寺现存最古老的建筑,五百尊金身罗汉栩栩如生。寺庙南侧的五眼古井相传为达摩祖师所凿。

1 青岛的团岛湾栈桥航拍。
2 广式早茶组合。
3 广州上下九步行街的夜景。
4 广州圣心大教堂。

131

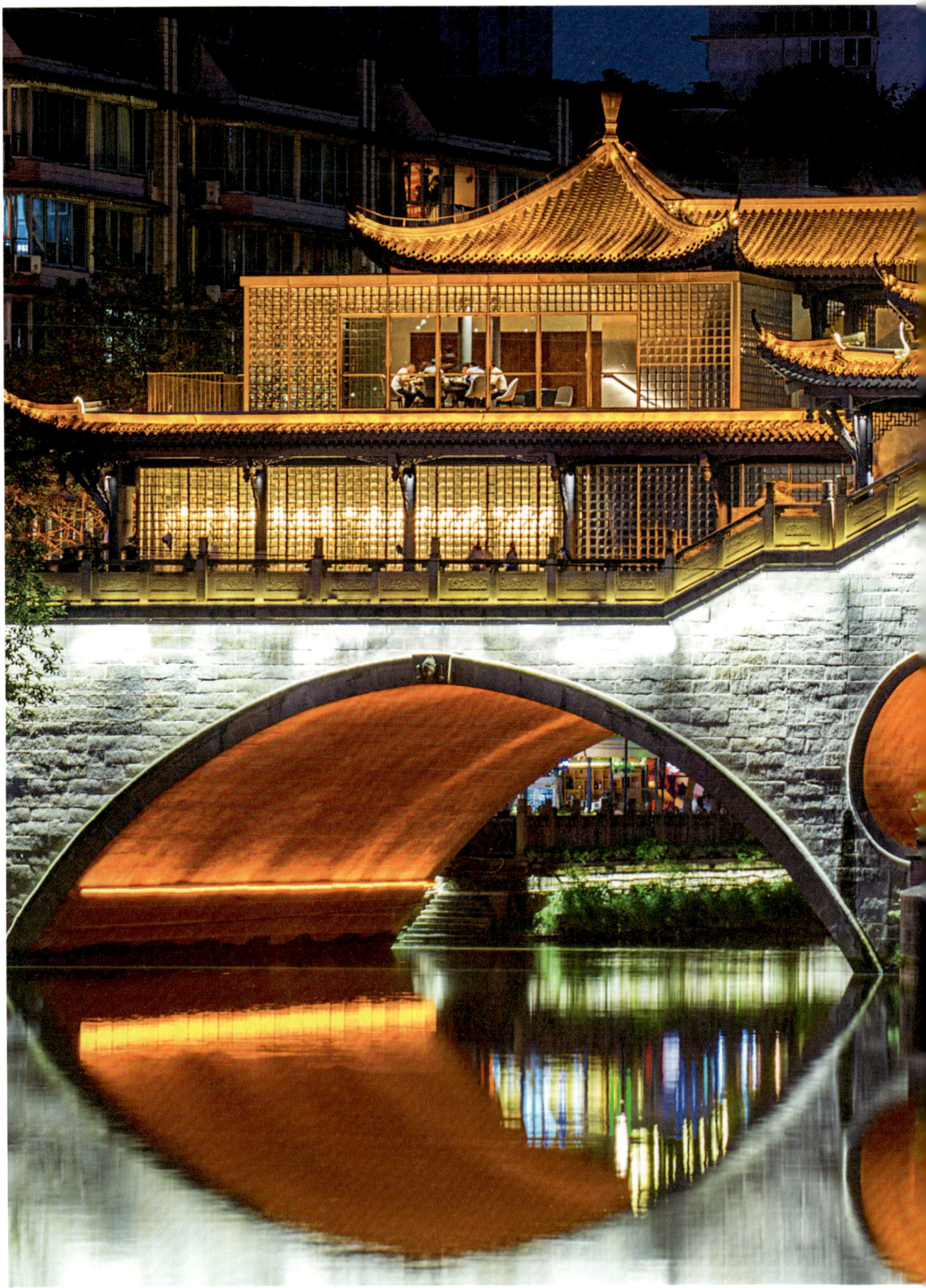

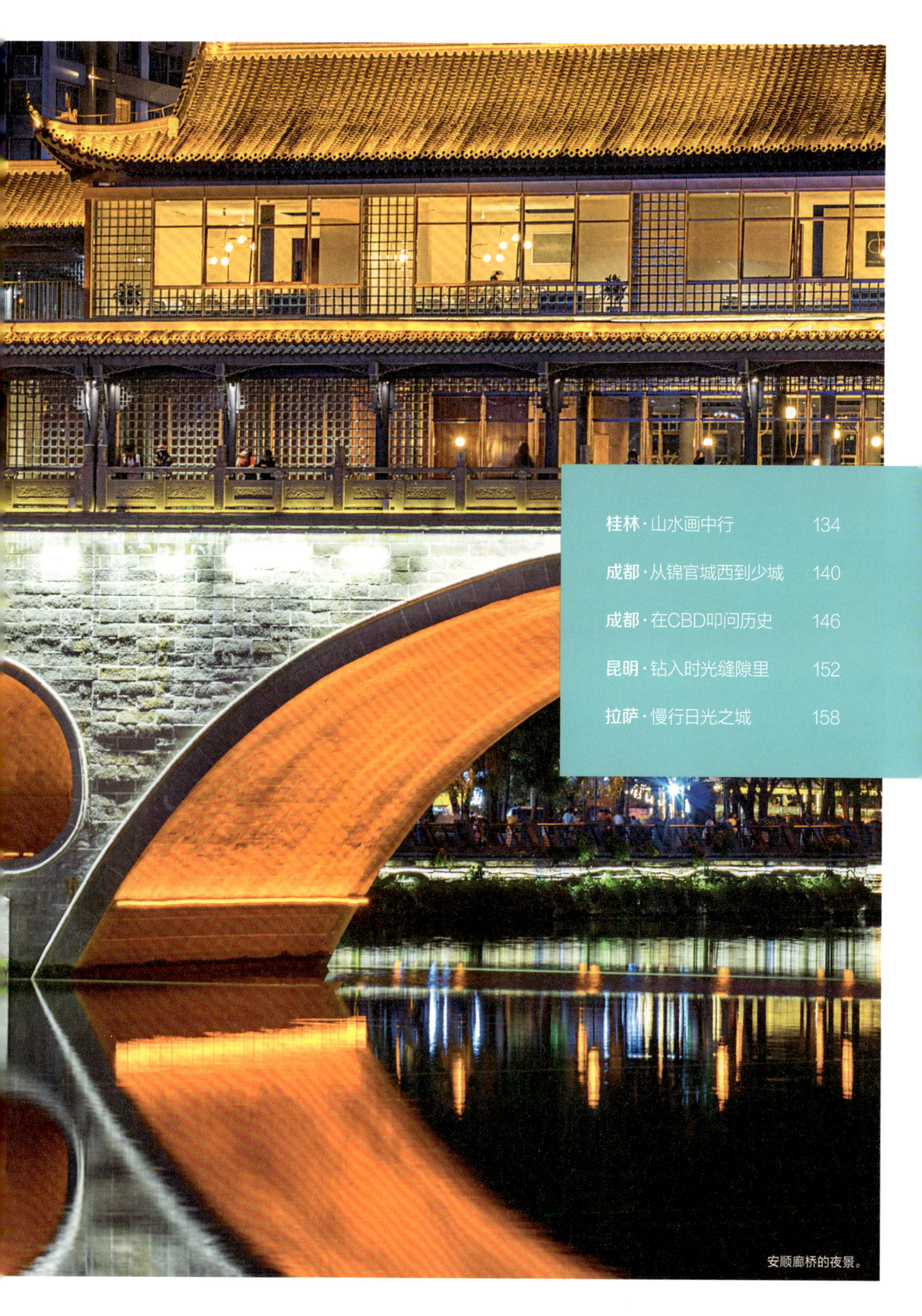

桂林·山水画中行	134
成都·从锦官城西到少城	140
成都·在CBD叩问历史	146
昆明·钻入时光缝隙里	152
拉萨·慢行日光之城	158

安顺廊桥的夜景。

桂林

山水画中行

　　南宋诗人王正功的一句"桂林山水甲天下",让桂林成为中国自然风光的代表作。
　　优雅的漓江从城中穿过,奇绝的喀斯特山峰与城市水乳交融,绝美的风光令古往今来的文人墨客驻足咏叹,他们四处勒石为铭,将精湛的艺术和华丽的辞藻封存在山水之间。如今,迷人的城市水系"两江四湖"延续了宋朝时"一水抱城流"的城市格局,白天娴静,夜晚璀璨,城市的街巷中隐藏着颇多历史秘境,无处不在的米粉铺子吸引着你去满足味蕾。

全程约 5km

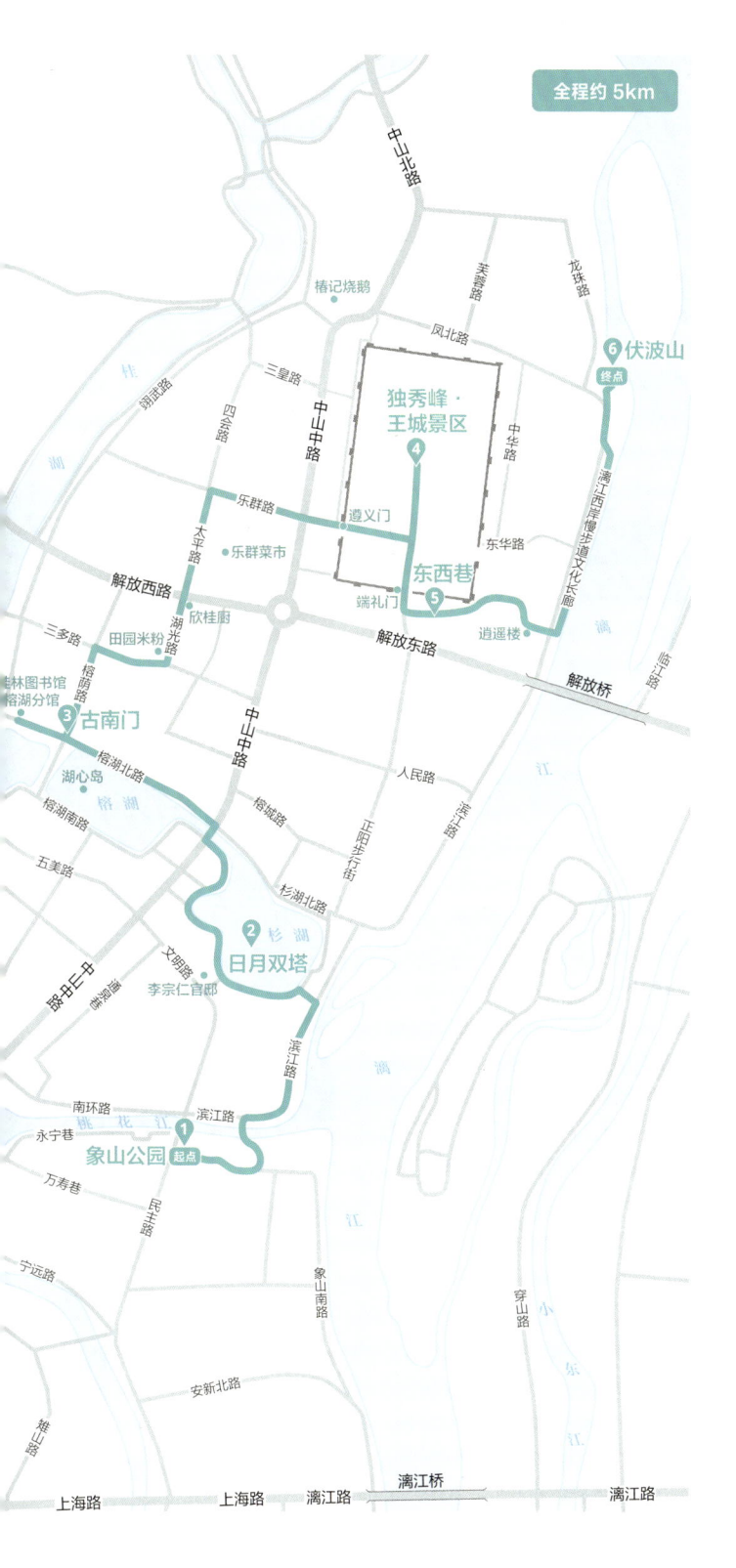

行程从两江交汇处的 ❶ **象山公园** 开始，1号门进、2号门出，便可全方位欣赏这处桂林地标。随后进入"两江四湖"水系中的杉湖，沿着南岸的步道变换角度，欣赏水中的 ❷ **日月双塔**，之后可以到李宗仁官邸略作参观。

过了阳桥便是榕湖，从阳桥到古南门的这一段榕湖北岸的步行道堪称是"两江四湖"水域边最热闹、最欢乐，也最接地气的一段。玻璃桥通体透明，湖心岛诗情画意，亲水平台和亭台廊道都设有桌椅，可以休息或野餐。❸ **古南门** 是这一区域的中心，建议过古南门后继续往前走100米，眼前这座浅黄色民国风格小楼为桂林图书馆榕湖分馆，站在路口，可见三座风格与色彩迥异的桥梁横跨湖上，其中最左边的石拱桥是榕湖与桂湖的分界线。

回到古南门，沿榕荫路、三多路进入湖光路。路口的田园米粉总是热热闹闹，路上同样聚集着不少有格调的小店。直行进入太平路后，烟火气扑面而来，由于邻近乐群菜市和学校，整条街都是卖熟食快餐、水果生鲜的小店，你也可以到乐群菜市探索一番，最后从乐群路出来。

跨过中山中路，斑驳的石砌城墙就在眼前。从遵义门（西门）进入，逛逛历史悠久的 ❹ **独秀峰·王城景区**。热闹的仿古商业街区 ❺ **东西巷** 就在端礼门（南门）外，从这里来到江边的逍遥楼，再沿着漓江西岸慢行步道文化长廊往北，登上 ❻ **伏波山**，将一城青山秀水尽收眼底。

135

❷

日月双塔

（35元；9:00—17:00，18:00—22:00亮灯）杉湖的两座湖心岛上，恢宏的日塔和月塔是桂林最年轻的地标——它们是2001年在唐代佛塔的基址上新建的，其中略为"瘦高"的金色铜塔为日塔，七层八角的琉璃塔为月塔，两者均可登塔观景，塔间则由透明的湖底隧道相连。

❶

象山公园

（免费；入口1号门7:00—18:00，出口2号门7:00—21:30，入口3号门7:00—21:00）矗立在桃花江与漓江交汇处的象鼻山，因形似一只正用鼻子饮水的大象而闻名。从1号门进入景区，便可沿着登山道直达山顶的明代普贤塔和观景台。下山后，沿着象山南麓绕行至漓江边，左转的尽头就是"象鼻"与

NOTES

每年6—8月的雨季，水月洞因涨水而无法入内游览。

"象腿"之间的水月洞。小小的山洞内集中了陆游、范成大、张孝祥三位大诗人的作品。宋代诗人蓟北处士的《和水月洞韵》位于洞口尽头的左侧。

跨过桃花江，在第一观景台观象山全貌后，可以到爱情岛上散散步。乘坐爱情岛码头的漓江游船可游览市区段的漓江风景。从3号门外的象山渔人码头则可乘"两江四湖游船"游览整个环城水系，夜游风景更美。

NOTES

作为桂林的著名地标，象山公园极具人气，游览公园需要实名制分时预约。平时到景区门口扫码即可，但在暑期、小长假等旅游旺季，建议提前一天在携程、美团或景区公众号"桂林市象山景区管理处"预约。

136　　　　　　　　　　　　　　　　　　　　　　　　　　　　山水画中行

③ 古南门

1375年，桂林城南扩，宋元时期的桂林南城墙均被拆除，这座当时的南城门据说因门上建有关羽祠而被保留了下来。从城门洞中走过，会发现南北两段有明显的拼接，而且建筑材料也不一致——北段为石砌，年代可追溯到宋；南段（靠湖一侧）为方整石构筑，是明代扩建的。门洞上的"古南门"三个字为郭沫若题写，上面的城楼为抗战后所建。城门旁一棵800年树龄的大榕树，是"榕湖"名字的由来。

不过登双塔的看点不多，沿着杉湖边的步道从远处欣赏反而更有意境。入夜后，一金一银两座高塔被灯光渲染得格外耀眼。摄影爱好者可以在知音台码头和日月湾码头之间的步道上找到宝藏机位。

虽然不如传统意义的城门那般气势恢宏，秀气的古南门却与榕湖的秀美风景融为一体。这里不仅是桂林人心里的城市地标，也可以说是整个两江四湖区域既热闹又接地气的地方。古南门前的小广场和正对的古榕双桥逢年过节张灯结彩，平时则是市民们才艺展示的大舞台。

城市探味

欣桂厨

曾是有20多年历史的"桂林小南国"，2023年全新升级为"欣桂厨"，但仍是那个实惠、地道、好吃的桂林菜馆。桂林菜融合了湖南的辣、贵州的酸和广东的咸鲜，总体口味较重，喜欢清淡的需要提前打招呼。除了传统的桂林菜代表作啤酒鱼、田螺酿，也可以尝尝欣桂厨主打的南国牛一锅（牛杂煲）和土窑烧鸡。广西的芋头又粉又糯，腊味蒸芋丝也值得一尝。

椿记烧鹅

与广东烧鹅不同，这里的招牌烧鹅是热气腾腾地端上来的，由于每桌开餐必点，通常开餐后一两个小时即会售罄。鹅肠、鹅翅、鹅掌、鹅下巴等特色餐品也非常推荐。传统的桂林招牌菜自然不少，榴梿酥、流沙包等广式糕点同样丰富，因此也是当地人吃饭和宴请的热门地。

□ 城市杂谈

像桂林人一样吃粉

桂林米粉在秦始皇时代就开始统治本地餐桌了，如今虽已全国开花，但直到你在桂林吃上一碗，或许才明白自己竟吃了这么多年的"山寨"。桂林的米粉店遍布大街小巷，不过旅游区周边的米粉店、老字号同来馆和老东江米粉，以及连锁的明桂米粉、崇善米粉等主要面向旅行者，一碗粉加上五花八门的配菜，组合成眼花缭乱的套餐，卖到十几二十元一碗。

想尝一碗地道、传统的桂林米粉，去居民区里人多的店一定没错。当地人吃的"标配版"米粉只要5元/二两、5.5元/三两，配菜包括牛肉、锅烧（炸五花肉）和炸黄豆，咸菜配料则自行添加。你只需告诉收银台要多少分量，交钱取票后到取粉窗口，再告知要米粉（圆而细）还是切粉（宽而扁）即可，现点现烫。"卤菜"（干拌粉）为默认，吃完可以自助打汤，吃"汤菜"（汤粉）要另打招呼。当然，你也可以试试到任意一家卖套餐的米粉店这样做：就说要二两，不要套餐——即便菜单上完全没有这个选项，他们大多也会应允。

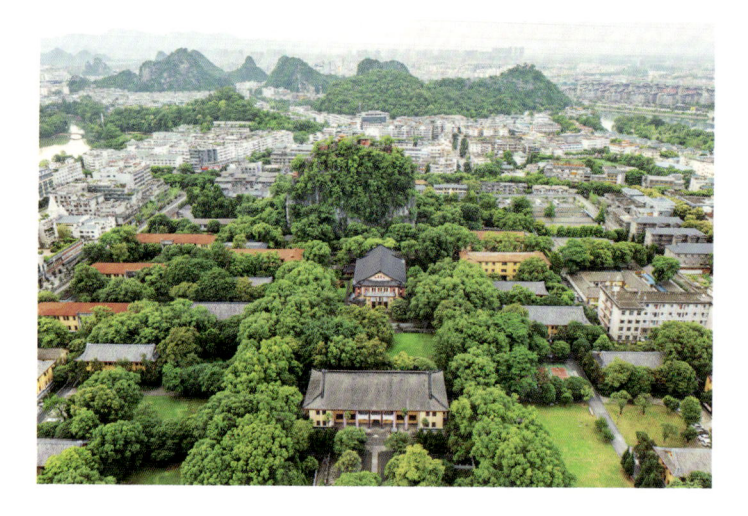

❹ 独秀峰·王城景区

（100元；5月至10月7日7:30—18:30，10月8日至次年4月8:00—18:00）明代，朱元璋分封同姓，桂林成为靖江王的藩地，独秀峰被圈入王府。南北长556米，东西宽355米，条石砌筑的王城城墙屹立至今。14位靖江王统治桂林280年，几乎与明朝国祚相始终。清朝初期，靖江王府在战乱中化作焦土，后来被辟为广西贡院，是当时中国西南最大的乡试贡院。如今文脉传续，成了广西师大的王城校区。

由承运门进入景区，沿着有600年历史的王道依次往北游览，你会发现靖江王府中大部分建筑都是民国风。门票含导游讲解，先在历史展厅了解王府近300年的历史，再到贡院参加一场"科举考试"。贡院后的独秀峰反而是最具"历史价值"的地方，抛开它3.5亿年历史的石灰岩山体不说，136件历代题刻遍布山体，其中宋代王正功的"桂林山水甲天下"，直接将桂林的广告打了800年。

❺ 东西巷

　　王城周边历来就是达官显贵、鸿儒商贾的聚集地。端礼门外有一片遗址广场，验明了"王城脚下"的正身。旁边的东西巷，就是由一片明清古街巷改造而来的历史文化街区。虽然挂着灯笼的仿古建筑群令新意和古意皆无，文化遗存也略为潦草，但这的确是桂林人气最火爆的商业步行街区。尝尝小吃，逛逛纪念品店，在网红布景打个卡，感受一下轻松热闹的气氛。从东西巷穿过状元廊，就来到漓江边的逍遥楼，登楼（免费）可赏漓江风景，这里也是古装拍照的热门地。

❻ 伏波山

　　（22元；7:00—18:00）"半枕陆地，半插江潭"，漓江边上的伏波山因唐代山上的汉朝伏波将军马援祠而得名。登上山顶的观景平台，从眼前的虞山桥到远处的穿山，漓江在桂林市区的最美身段在眼前展开，每年3—5月还有机会邂逅"烟雨漓江"的美景。

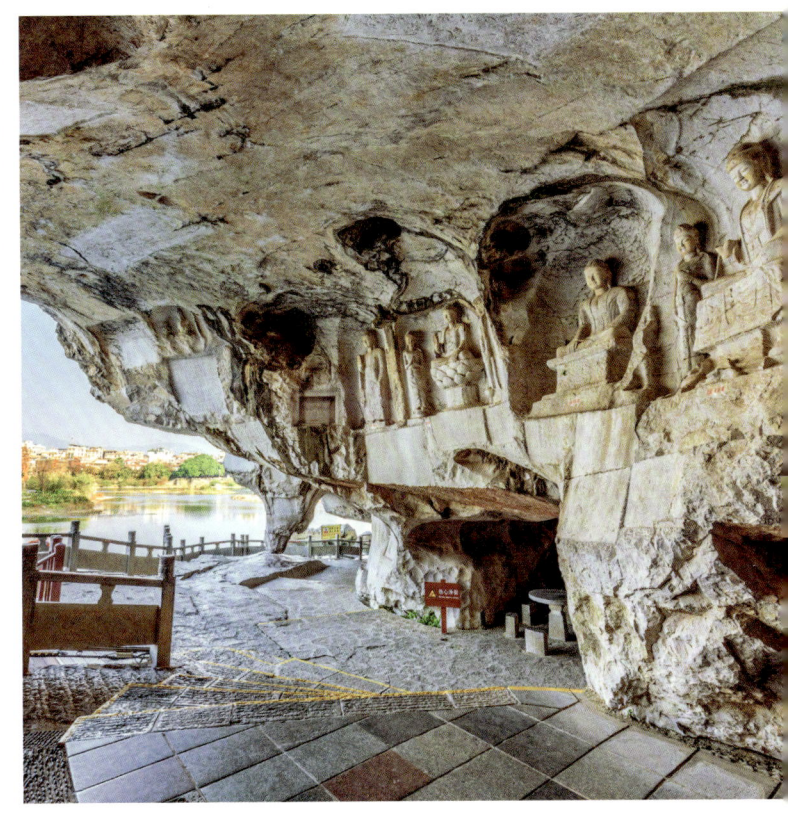

　　伏波山的风光自古备受文人墨客青睐，它的山底同样别有洞天。直通江边的还珠洞内保存有自唐代至民国的题刻、造像100余件，试试找找北宋大画家米芾的"自画像"。洞内另有一处千佛岩，200余尊摩崖造像多为晚唐时期的作品。穿出还珠洞，一块倒悬的巨岩"试剑石"与下端地面仅有一掌宽的距离，这是江水冲刷造就的奇观。

成都

从锦官城西到少城

把"安逸"刻在基因里的成都,最"好耍"、最有文气的区域就在城市西边:司马相如与卓文君在此演绎《凤求凰》与《白头吟》;杜甫盖起草堂,度过了一生中难得快乐的时光;陆游从青羊宫玩到浣花溪,一路"为梅花醉似泥"……文人醉心于这片乐土,清朝八旗子弟也无不陷入这张温床,将光阴虚度在公园、茶馆中。从诗意盎然的锦官城西,漫行至"少城"最后的遗存,一路走来,便是一部浓缩的锦城回忆录。

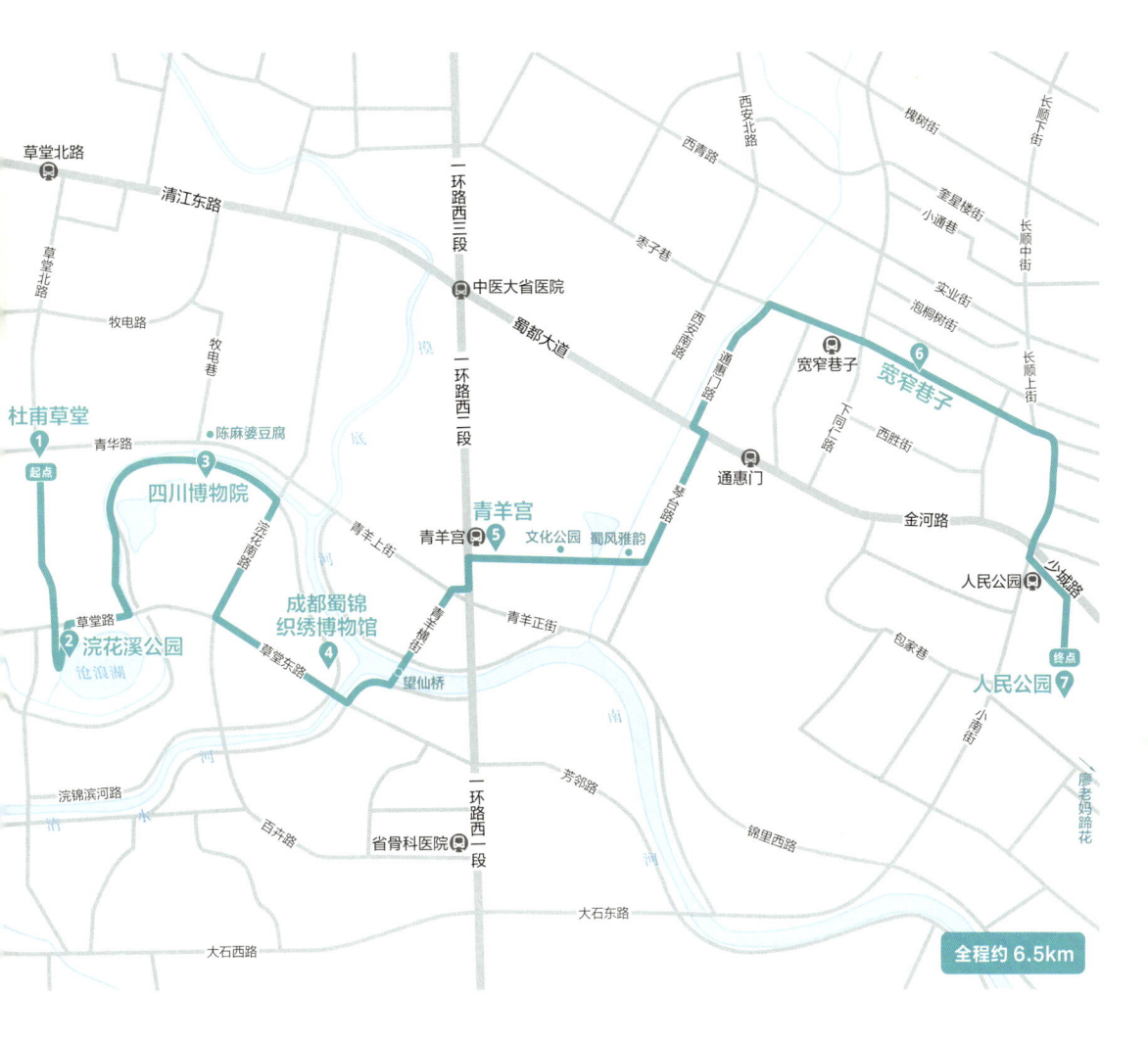

从青华路上的 ❶ **杜甫草堂** 北门进、南门出，直接进入 ❷ **浣花溪公园**，这里也是杜甫的生活半径内。一路向北穿过公园，欣赏曾令杜甫诗兴大发的美景。

出公园便是 ❸ **四川博物院**，好好欣赏下张大千的作品和大批重量级文物。街对面有家陈麻婆豆腐，可以尝尝川菜赖以成名的招牌菜。然后沿浣花南路向南走，到草堂东路左转，❹ **成都蜀锦织绣博物馆** 就在前面不远处。参观完，连续过两座桥，第二座桥望仙桥是五孔石拱桥，看着很古朴，其实重修不到30年。过桥后是以前青羊宫举办庙会的青羊横街，直行到底，过马路便是 ❺ **青羊宫**。当年陆游走马锦城西，写下"二十里中香不断，青羊宫到浣花溪"，此刻经你脚步丈量，实际还不到3公里。

文化公园在青羊宫隔壁，里面的十二桥烈士墓纪念了1949年12月7日被国民党特务秘密杀害的36位烈士。公园东门内有一个梨园蜀风雅韵，如果想看川剧，晚上8点再回来。东门出去就是仿古商业街琴台路，2100多年前，写下《子虚赋》《上林赋》的汉赋大家司马相如，抚琴一曲《凤求凰》，骗得富家女卓文君跟他"私奔"，来成都"当垆卖酒"，这条路当然只是附会，而非故事的发生地。

向北穿过琴台路的牌坊，过马路继续往北走就是 ❻ **宽窄巷子**。除了这三条巷子，不妨再往北扩大些范围，泡桐树街、小通巷、奎星楼街，每条都很好逛。最后，一路向南，在昔日八旗少爷喝茶遛鸟的 ❼ **人民公园** 结束行程。

❶ 杜甫草堂

（50元；9:00—18:00）47岁时，杜甫为避安史之乱，弃官入蜀，在浣花溪畔盖起草堂，一住就是三年零九个月。作家冯至曾说："人们提到杜甫，尽可以忽略他的生地和死地，却总忘不了成都的草堂。"或许是因为杜甫一生漂泊、一生忧国忧民，而成都安逸的环境，缓解了他内心世界的沉重，茅屋虽为秋风所破，却成就了悠游自在的心境。杜甫流寓成都期间，过起了关心粮食和蔬菜的生活，创作的240余首诗尽是清雅轻快之作，没准儿"诗圣"在写诗、劳作之余，也脱口而出过一句"巴适得板"。

今人再造的杜甫草堂，柴门、茅屋为竹林掩映，周围花径清幽，倒有几分野奢风。其他值得细赏的看点包括：少陵碑亭里果亲王题的字、千诗碑长廊里的诗词作品、21世纪初出土的唐代遗址。

❷ 浣花溪公园

如果说杜甫草堂是游客必到的打卡点，浣花溪便是成都人自留的公园。它是成都市区最大的开放式公园，占地32公顷，溪水潺潺，竹林参天，白鹭翩飞，四季有花赏，不花一分钱就能在二环内享受5A级森林公园才有的负离子，怎不叫人羡慕成都人。杜甫为其写过"浣花溪水水西头，主人为卜林塘幽"的诗句，公园也很应景地增添了诗歌大道、诗歌长廊、诗圣广场等人文景观。

有人来此散步、观鸟、喂鱼，有人在拍古风照片，有人坐在河边茶廊，一杯三花、一碟瓜子，摆一下午的龙门阵，每个人都能在这里找到最惬意的玩法。

❸ 四川博物院

（免费；9:00—17:00，周一闭馆）一楼为汉代陶石艺术馆，展出了汉代墓葬、画像砖、陶俑等，其中诙谐的东汉陶说唱俑是最大亮点。

二楼的古代四川展厅，完整梳理了巴蜀盆地的历史，重量级的文物包括：西周的象首耳兽面纹铜罍、战国时期的石犀牛、五代前蜀帝王的玉带、后蜀残石经等。

三楼的万佛寺石刻馆，集中了昔日万佛寺的200余件石刻造像，清晰展现了佛教造像风格从南北朝到唐代的变化。同层的民族文物馆聚焦于四川省内生活的藏族、羌族、彝族、苗族等少数民族。

🛆 城市探味

廖老妈蹄花

在吃货的心中，人民公园与老妈蹄花是画等号的。在麻、辣主导的成都风味中，蹄花是一股清流。清清白白的汤里是一只白白净净的猪蹄，汤炖得浓郁，蹄花软烂，一口下去，丰厚的胶原蛋白黏得上下嘴唇分不开。

❹ 成都蜀锦织绣博物馆

（免费；9:00—17:30）"晓看红湿处，花重锦官城""锦城丝管日纷纷，半入江风半入云"——在这些杜甫为成都写过的"文案"中，锦便是蜀锦，是与云锦、宋锦、壮锦并列的中国四大名锦之一，西汉时期就已名声在外。蜀汉时，朝廷在成都设立负责管理蜀锦织造业的锦官一职，也就是"锦官城"的由来。2006年，蜀锦织造技艺被列为第一批国家级非物质文化遗产。

博物馆所在的蜀江锦院，前身是成都蜀锦厂。展厅不大，陈列了大量老机和历代蜀锦标志性纹样。其中有一台道光年间的小花楼木织机，是国内现存最后一台可以织造的清代织机。用蜀锦还原的文物复制品也很有意思，例如给三星堆青铜立人穿上的龙纹礼衣、新疆出土的"五星出东方利中国"织锦和大清皇帝的龙袍等。

❺ 青羊宫

（10元；8:00—17:30）老子骑青牛出函谷关时，对关令尹喜说："子行道千日后，于成都青羊肆寻吾。"青羊宫外的青羊正街便是过去的青羊肆。在老子生日（农历二月十五）那天举行庙会的风俗，至少可以追溯到唐代。

青羊宫始建于西周。黄巢之乱时唐僖宗避难于成都，曾将它作为行宫，大兴土木，广筑殿宇，使其成为"川西第一道观"。明末张献忠屠城，也一并毁了青羊宫，全木结构的斗姥殿是观内仅存的明代建筑，其他建筑皆为清康熙年间重修。

三清殿前有一只清雍正年间的独角铜羊，长着鼠耳、牛鼻、虎爪、兔背、龙角、蛇尾、马脸、羊须、猴颈、鸡眼、狗腹、猪臀，集十二生肖特征于一身。传说这只怪羊是太上老君的爱物，本地人相信它能治百病，只要头痛摸头、脚痛摸脚，就可以"手到病除"。铜羊被摸了这么多年，已经光亮无比。

📖 城市杂谈

"少城"掌故

2300多年前，成都建城时，先在东边建了一座"大城"，在今天的天府广场偏东位置，后又在大城西边围出一座"小城"，因"小"字通假"少"字，又称"少城"。朝代更迭，大城小城的城墙皆在一次次战火中被摧毁。清康熙年间城市重建，四川提督年羹尧在少城内建军营，专给八旗官兵和眷属居住，满满当当住了5000多人，并实行"旗汉分治"，汉人禁止入内，旗人也不能擅自离开。因少城里住的都是满族人，所以也叫"满城"。

满城仿照北京胡同形制，建有8条官街、42条兵丁胡同，也就是今天夹在西大街、君平街、东城根街、同仁路内的区域，里面的建筑一律为北方四合院结构。根据大清律例，满城旗人不得做买卖、学手艺，只需一心练兵，靠领饷银度日。由于少有战事，旗人越发游手好闲，几代下来就成了表面风光的空架子。宣统年间，大清已日暮西山，朝廷再也养不起闲人，便废除了八旗供给，这才有了"少城公园"的诞生。

辛亥革命后，少城陆续被拆除，大拆大建了近100年，最后只剩下一宽一窄两条巷子。到了21世纪，化拆为改，宽窄巷子脱胎换骨，摇身一变成了成都的地标。

❻ 宽窄巷子

宽窄巷子是成都"少城"的最后遗存，也是最近十来年全国各地步行街区仿古改造的蓝本。你可能会发现它的川西感不强，反而有点像北京的南锣鼓巷，因为这一带在清朝就是旗人居住的"小北京"。它由三条巷子组成，传统院落大多改成了茶馆、咖啡馆、餐馆、会所、酒吧等。

宽巷子保留了最多、最完整的老建筑和院门。11号的恺庐是茶园，有形如官帽的砖砌门头；25号的子非私房菜馆，门头下有红纱拴马石；31号的中国红是清代官宅，现为金丝楠木收藏馆，里面有道光帝的御笔石碑和九龙壁。

窄巷子因昔日洋教士在此出没，建筑多为中西合璧式。30号的三联韬奋书店就是最早法国传教士居住的地方。32号的白夜是女诗人翟永明开的酒吧，被称为"成都文化人的客厅"。

井巷子一侧为临街店铺，一侧为文化景观墙。这条街的亮点是日本建筑师青山周平操刀设计的%ARABICA。

❼ 人民公园

人民公园原名"少城公园"，是四川第一座公园。1911年，清廷废除八旗供给，原本衣食无忧的纨绔子弟们日渐坐吃山空，于是有人提议建一座少城公园，靠收汉人的门票解决生计。同年，辛亥革命前夕，四川爆发保路运动，两年后公园内竖起了一座辛亥秋保路死事纪念碑（关于这场运动你可以去一旁的陈列馆中详细了解）。1937年9月5日，四川各界民众聚集在公园内，欢送出川的抗敌将士。1944年，雕塑家刘开渠设计了一座川军抗日阵亡将士纪念碑，矗立在公园东门外。

如今的人民公园是大爷大妈的"唱跳大舞台"，也是操心子女婚姻大事的"相亲角"。老少咸宜的鹤鸣茶社已走过百年，你可以坐在小竹椅上，喝盏盖碗茶，嗑盘瓜子，再叫个采耳师傅来，给耳朵做个"马杀鸡"。

成都

在CBD叩问历史

在成都的核心商圈 city walk，不是让你拎回一堆购物袋，而是为了探究城市的底色。最近20年，成都的时尚地标几度易主，但都围着一座古刹打转，没逃出过千年"钉子户"的手掌心。外来的和本土的酒吧街，都喜欢挨着马可·波罗喜欢的廊桥。"网红"店在黄金地段开开关关，只有苍蝇馆子几十年不可撼动。川潮是哪种潮？可能就是洋气又接地气的潮。从大慈寺走到府南河，从购物街走到酒吧街，不断在古与今、土风与时髦的切换中玩"变脸"，是这条路线的乐趣所在。

先参观两座博物馆，走进红砖墙内的 ❶ **四川报业博物馆**，就像阅览成都的百年大事记。转个弯就是成都川剧艺术博物馆，它由昔日的锦江剧场改造而成，更早则是川剧班社固定演出的悦来茶园，茶园还在，周六下午仍有票友演出。

然后经红星路左转，别光顾着仰望IFS楼顶的熊猫屁屁，也低头找找地下的唐宋江南馆街坊遗址。马路对面就是 ❷ **大慈寺**和 ❸ **太古里**。四大皆空与欲望都市看似八竿子打不着，这对组合却已经延续了千年，如今被纳入太古里的和尚街、糠市街原先就是大慈寺的地盘，寺市合一的传统自唐代便有。

出太古里往南，穿过 ❹ **镋钯街**，在青莲上街右转，依次经过古老的成都东门城墙遗址和新晋的大川巷·派叁艺术街区，然后沿着府河一路向南。前面的合江亭是府河与南河的汇合点，亭子重建于1989年，两条河是李冰主持修建都江堰时疏浚导入的，即本地人口中的府南河，锦江指的便是这两条河，它也是老成都的护城河。接下来，跟着一江春水向东流，过桥后左手边是一动一静的兰桂坊酒吧街和水璟唐，前者是灯红酒绿的夜生活基地，后者是冷清的仿古街区，水璟唐里还藏着酒香不怕巷子深的 ❺ **水井坊博物馆**。

参观完再绕回江边，便见红柱黛瓦、雕栏飞檐的 ❻ **安顺廊桥**横跨锦江，过桥左转，就是终点九眼桥酒吧街。

全程约 4.5km

❶ 四川报业博物馆

（免费，通过微信公众号"四川报业博物馆"预约；10:00—16:30，周一闭馆）成都的商业中心也是成都的文化重地，百年前集中了大量报馆、书局，今天也是《四川日报》《成都商报》《华西都市报》等报业集团的据点。

这座2024年新开的博物馆，由昔日报业集团的食堂改建而成，共三层，全面介绍了成都报业的发展史，从手抄到印刷，从黑白到彩色，这其实也是中国报业、传统纸媒的发展历程。展厅内，一张张旧报纸定格了四川的各个重要历史瞬间。《时代周刊》的"5·12"封面令人动容；一面巨大的"雄起"墙会让球迷们激动不已，带人瞬间回到甲A联赛时代。

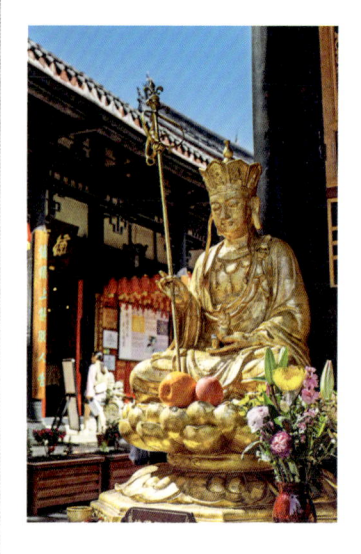

❷ 大慈寺

（免费；8:00—17:00）CBD的"C位"是一座寺庙，放眼全国，好像也仅此一例。从20世纪的"流动T台"春熙路，到如今的IFS、太古里，成都的时尚中心一直都在大慈寺的辐射范围内。朱红色的围墙外是不断"上新"的品牌斗兽场，里面则是千年不变的香烟缭绕。寺内的露天茶馆每天都高朋满座，在摆龙门的大爷和孃孃中，也不乏一两桌时髦的小年轻。

大慈寺始建于魏晋，在唐代达到巅峰，占地千亩，有禅院96个，殿、阁、堂、廊等8524间，僧人达2万多人，占了城东小半片区域，荣登"震旦第一丛林"。传说玄奘就是在这里受的具足戒，高僧西天取经后从未故地重游，倒是故地对他念念不忘。大慈寺更引以为豪的是自唐至五代有多位皇帝莅临，寺名也是由在成都躲避安史之乱的唐玄宗所赐。吴道子等唐宋一流画师为它贡献了千余幅壁画，只可惜，明末张献忠的一把火，将寺庙烧了个精光。重修后的大慈寺面积仅为原先的四分之一，其余四分之三便成了太古里等商区。

③ 太古里

2014年，远洋太古里选址在大慈寺旁，以不超过大慈寺藏经阁的高度为限，将周围破败的棚户区改造成开放式商业综合体。它基于老成都的里巷结构设计，用川西风格的青瓦穿斗搭配现代风格的玻璃幕墙，保留了古老的字库塔和广东会馆，也增添了当代设计师的前卫雕塑。

这里云集世界一线品牌和各种旗舰店，以及全成都最潮的年轻人，品牌路演、快闪一个接一个。藏在地下的方所书店，是400平方米的"书海"，选书水准很高，艺术设计类和外版书很多。严格来说，它是以书为载体的美学空间，洞穴般的入口，37根不对称大立柱、贯穿二层的空中廊桥，使得你即便只是进来走走，也会获得一次审美洗礼。

城市探味

明婷小馆

明婷是成都苍蝇馆子的初代"网红"，红到吸引了国外媒体的注意。如今它跻身"一线"商圈，档次提高了，环境漂亮了，等位时间也更长了。如果你一直对成都"三花"之一的脑花退避三舍，务必在这里鼓起勇气一试。豆瓣酱炒制的脑花豆腐，是脑花与麻婆豆腐的组合，豆腐滑嫩，脑花绵密又细腻。闭眼尝一口，你那道心理防线将不攻自破。

华兴东街

报业集团附近这条不到500米的小街上，集中了大量老牌苍蝇馆子。自力面馆的素椒面、盘飧市的卤菜和包子、雨田饭店的家常菜，几十年来大概也激发过记者们的灵感，抚慰过他们加班赶稿的焦虑心情。你永远可以相信能在文化圈立足的饭馆，因为天下文人多吃货，文人的嘴可不好哄。

❹ 镋钯街

镋钯街也属于昔日大慈寺的范畴，它还先太古里一步完成改造。2018年，*Time Out*杂志评选"全球最酷的50个城市街区"，它排名第19，位列中国四个上榜街区中的首位（其他三个分别是上海衡复街区、香港湾仔和北京三里屯）。

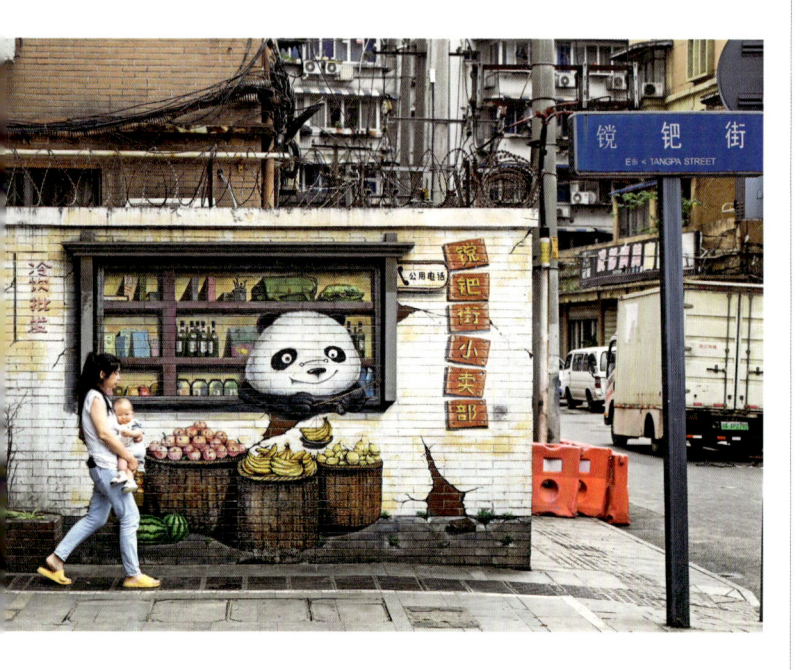

镋钯街仅500米长，汇集书店、咖啡馆、日料店、民宿、创意沙龙等，每家店都格调不俗。西端巷子里的崇德里在改造前是破败的复式四合院，经艺术家王亥重新设计，变成了集住宿、用餐、喝茶为一体的美学综合体。轩客会·熊猫书店是新华文轩旗下的24小时书店，有不少熊猫主题的文创。无早是成都本土的独立书店，以国内外独立出版物和文艺杂志为特色。主打美式复古风的UID Cafe，走的是早C晚A的路线，白天的一杯美式，晚上的一杯Old School风特调，与周遭氛围都很搭。

❺ 水井坊博物馆

（50元；9:00—17:00逢整点入内）这是国内目前发现最古老、保存最完整的白酒老烧坊，从宋代的锦江春，到明清的福升全，从成都酒厂到全兴酒厂，再到今天的水井坊，这口琼浆已经在锦江河畔酿了6个世纪。

NOTES

如果想看酿酒作业，得在周一至周六的上午进入参观，暑期因为炎热不适宜酿酒，也看不到现场操作。对酿酒没兴趣？那就好好欣赏一下刘家琨设计的博物馆建筑。

❻ 安顺廊桥

有意思的是，关于安顺廊桥最早的文字记载，是来自一个外国人。700多年前，马可·波罗翻越秦岭来到这里，他看到的成都府，市集繁荣，纺织业发达，锦江上货船往来频繁，沿岸商号、茶馆、酒肆无数。他对安顺廊桥的印象尤其深刻，"用石建筑，宽八步，长半里。桥上两旁，列有大理石柱，上承桥顶。盖自此端达彼端，有一木质桥顶，甚坚，绘画颜色鲜明。"——《马可·波罗游记》中如此描述。

安顺廊桥曾是锦江上繁忙的水运码头，在"蜀道难，难于上青天"的古代，人们出入四川多走水路，1923年，巴金也是从这里登船走向更广阔的舞台。20世纪中期，桥被洪水冲毁，2003年在原址偏下一点的位置完成重建。四只水兽镇守在廊桥两侧，青石栏杆上雕刻着梅兰竹菊，上有朱红色牌坊和青瓦飞檐，造型十分古雅。

1998年，酒厂老车间全面改造时，沉睡于地下的酒窖、晾堂（摊晾糟醅的平台）、蒸馏基座、灰坑、灶坑等酿酒设备破土而出，经考古确认，三座晾堂分属明代、清代和民国。酒香浓郁的酿造车间里，在已经作古的酒窖旁，是一方方使用中的覆着窖皮泥的窖池，工人们正在腾腾雾气中铲着酒糟。参观流程最后有品酒环节，一小杯28年的原浆白酒，对"酒鬼"来说已值回票价了。

昆明

钻入时光缝隙里

　　昆明建城不过1200多年，翠湖成为昆明的"眼睛"也才600多年，之后，全省政治中心转移到它旁边的五华山，尤其在晚清之后，"春城"最重要的历史事件几乎都发生在这片区域。这条线路以翠湖为心脏，始于大学，终于大学。从民国氛围拉满的云南大学出发，跟着"九巷十三坡"上上下下，寻访见证中国近代史进程的名人旧居，一直走到曾经的西南联大，这5公里多的路程浓缩了这座城市半个世纪的历史。

全程约 5.5km

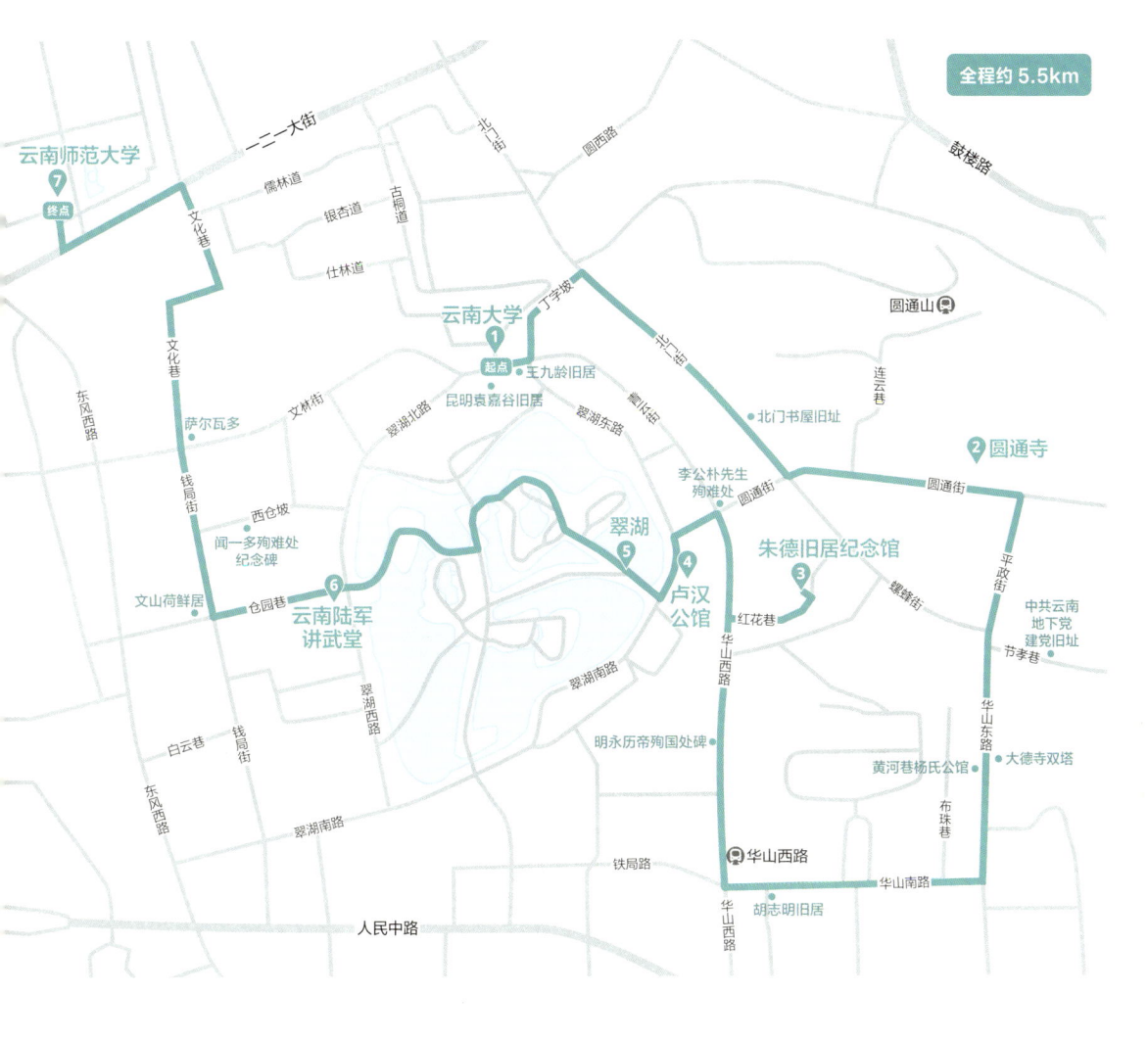

先进 ❶ **云南大学**逛一圈，从南门出，马路对面是昆明袁嘉谷旧居和王九龄旧居。从丁字坡到北门街，路过民国时李公朴开办的北门书屋旧址。转入圆通街后，好好见识一下"走下坡路"的 ❷ **圆通寺**。

然后沿平政街南下，中共云南地下党建党旧址藏在左边的节孝巷里。回主路往南走一点，会看到明成化年间的大德寺双塔。街对面社区大院内的黄河巷杨氏公馆，曾是国民党官员杨如轩的故居。转入华山南路，路南侧一排20世纪30年代的商铺建筑群中，有一间是胡志明旧居，当时他在昆明创办读书生活出版社，并用面包师的身份打掩护，进行地下工作。随后进入华山西路，民间俗称"逼死坡"的篦子坡，传说这就是永历帝被吴三桂逼着上吊的地方，你会在这里找到明永历帝殉国处碑。再向北走一段，红花巷内有 ❸ **朱德旧居纪念馆**，北端的圆通街口有李公朴先生殉难处。

接着朝翠湖走去。先去参观 ❹ **卢汉公馆**，对面就是公园的东门，经昆明自来水厂泵房旧址穿过 ❺ **翠湖**，西门出去后左手边就是 ❻ **云南陆军讲武堂**。北面的西仓坡有一块闻一多殉难纪念碑。再往前就是文化巷和文林街的十字路口，这一带文化气息浓郁，咖啡馆、酒吧、独立书店云集，可以好好逛逛。穿过文化巷后，左转没走几步，就看到 ❼ **云南师范大学**的大门了，进去参观完西南联大旧址，结束本次行程。

❶ 云南大学

从南门进校，踏上寓意"九五飞龙在天"的95级台阶，迎面就是一栋典雅的西式建筑会泽院。会泽是唐继尧的家乡，1922年，他在云南贡院的旧址上创办私立东陆大学，也就是云南大学的前身，如今楼内辟有云南大学历史博物馆。会泽院北面的至公堂就是明清时的贡院，而在更早之前，永历皇帝还拿它当过临时皇宫，这里也是1946年李公朴追悼会的举办地，正是那时，闻一多发表了著名的《最后一次演讲》。

会泽院附近还有熊庆来、李广田两任云大校长的故居，以及梁思成与林徽因设计的映秋院。钟楼旁的云南第一天文点遗址，是1934年第一次使用新法测绘昆明经纬度的地方。

以上建筑都曾在《太阳照常升起》里被镜头一一扫过，也正是云大的魅力所在。此外，校园绿荫夹道，春有海棠，秋有银杏，不愧位列"中国最美大学TOP10"。

❷ 圆通寺

（6元；8:00—17:00）别处的寺庙都是拾级而上，只有圆通寺来了一波"走下坡路"的反常规操作：过了山门后，地势越走越低，一直走到"谷底"，终见正殿。

寺院始建于南诏国时期，宋末毁于兵燹，明成化年间重建，"圆通胜境"牌坊修建于清康熙年间，底部的石雕非常精美。圆通宝殿前是一片放生池，四周游廊环绕，叠石嶙峋，南北两座石桥通

往池心的八角亭，令肃穆的寺院多了几分园林的精巧。

圆通寺是中国最古老的观世音道场，如今集合汉传佛教、藏传佛教、南传佛教三大体系。铜佛殿是典型的东南亚风格，供奉着泰国赠送的释迦牟尼像，明显不同于圆通宝殿内的佛陀造像。藏传佛教体现在普光明殿内，殿内供奉着莲花生大士和宗喀巴大师。

❸ 朱德旧居纪念馆

（免费；9:00—16:30，周一闭馆）

朱德曾说云南是他的第二故乡，他在1909年来到昆明，考入陆军讲武堂，从此开启戎马生涯。1921年，朱德在昆明置地建宅，取名"洁园"，但其实他只住了一年，宅子还没彻底完工，第二年他就去德国了，之后房子被唐继尧没收。新中国成立后，朱德将住宅捐给云南省政府。

旧居分东、西两部分，中间以花园连接。西面宅院为昆明传统的"一颗印"民居，复原了朱德当年居住时的样子，朴素得近乎家徒四壁。东面宅院设为展厅，主要介绍朱德在云南的经历。

🍽 城市探味

文山荷鲜居

从做早点到全天供应，改了店名，环境不变，非饭点也食客不断，连老外都慕名而来，生意好得顾不上服务。虽有米线、面条、卷粉、饵丝四种名目，但99.9%的人都会点米线，米线也只做一种：鸡汤米线。鲜美的鸡汤是灵魂，鸡肉很舍得下料，还可以加一勺鸡血。自助调料台上多达十几样配料、调味品，但其实只需加点葱和香菜，原汁原味就很好。

萨尔瓦多

翠湖边最老牌的西餐厅和咖啡馆，曾是背包客与外国留学生的大本营。墨西哥塔可饼和意面做得都不含糊，咖啡、甜点也过得去。不过，一线城市的游客就别抱太高期望了，毕竟情怀才是它家最大的亮点，你若与昆明没有20年的交情，可能这点优势对你来说也不算什么。

昆明

❹ 卢汉公馆

（免费；9:00—16:00，周一闭馆）

与朱德相比，同样毕业于陆军讲武堂的卢汉的私人公馆则华丽得多。该公馆占地5664平方米，面朝翠湖，绿树环绕，环境优美。

公馆由两栋楼组成。一栋现为云南起义陈列馆，是1933年建的法式洋房，也是昆明保存最好的法式建筑之一。建筑呈八角形，有着亮黄色外墙，青石雕刻窗框，罗马柱装饰门廊，内饰全部采用进口柚木，配备壁炉，四柱床等家具用今天的眼光看也不过时。

另一栋是仿苏式别墅，建于抗战胜利的1945年。这一年，卢汉先是率部赴越南受降，后出任云南省主席兼保安司令，之后执掌云南军政大权4年多，被称为最后一任云南王。1949年12月9日，他在公馆设下"鸿门宴"，扣押国民党第八军、第二十六军的军长和军统云南站站长等人，宣布起义，促成云南和平解放。

❺ 翠 湖

千年前，翠湖还与5公里外的滇池相连，是一片插秧、种菜的"菜海子"。随着滇池水位下降，明朝时翠湖独立成湖，之后从沐英到吴三桂，再到唐继尧，历任云南官员都对它进行了美化工程，甚至还模仿西湖修建双堤。民国时，云南大学依翠湖而建，抗战时，它又伴读西南联大的师生八年。翠湖被誉为昆明的"眼睛"，汪曾祺在《翠湖心影》中写道："没有翠湖，昆明就不成其为昆明了。"

今天的翠湖依然很美，湖堤垂柳依依，随便走走都很惬意。它还是西伯利亚红嘴鸥的越冬地，每年11月，上万只红嘴鸥盘旋在翠湖上空，等待热心市民的投喂，来年开春再飞回北方。在这个中国少数民族最多的省，每天傍晚，翠湖边都会上演各种"最炫民族风"，吊打你家门口的广场舞。

❻ 云南陆军讲武堂

（免费；9:00—17:00，周一闭馆）
始于宣统年间的陆军讲武堂，与比它更早创建的北洋陆军讲武堂、东北讲武堂并称晚清三大讲武堂，也是与比它晚建成的黄埔军校、保定陆军军官学校齐名的三大军校之一。讲武堂共举办二十二期，从推翻清朝到反对袁世凯复辟，从北伐战争到抗日战争，它为中国近代几次重要战役输送了大量军事人才，包括两位开国元帅：朱德、叶剑英。

讲武堂为中西合璧的姜黄色建筑，外立面是法式巴洛克与中式牌楼的合体，迈入大门内，则见歇山顶与走马转角楼式的四合院建筑，中间的大操场就是昔日的练兵场。内部展览聚焦于讲武堂校史和中国远征军，图文资料和展品非常丰富，可以在此全面了解中国近代军事史。

NOTES

除了12:00—14:00，每逢整点有换岗仪式，没什么实质意义，权当表演一看还是不错的。

❼ 云南师范大学

抗战爆发后，清华、北大、南开三所大学先是迁往长沙，不久长沙又面临沦陷，临时大学只能再度踏上"长征"。1938年，国立西南联合大学正式落户昆明。抗日战争期间，联大师生在"跑警报"中学习、生活。学校虽只毕业了3882名学生，却培养出了两位诺贝尔奖得主、8位"两弹一星"元勋、171位院士……创造了世界教育史上的奇迹，也留下了彪炳史册的学术精神，在中国大学界有着无可超越的地位。

抗战结束后，三校回迁，校址改作云南师范大学。校内的西南联大旧址，屹立着三位校长的雕像，闻一多塑像旁的水池则是当时日军空袭时的炮弹坑，联大师生将它修成了池塘。这里还有联大纪念碑、"一二·一"运动四烈士墓、复原的校舍，以及西南联大博物馆。读一读汪曾祺的散文集《在西南联大的日子》，再来参观，会更有感触。

拉萨

慢行日光之城

　　一生总要去一次拉萨，或为信仰，或为见识信仰。拉萨被誉为日光之城，除了阳光充足，也可以理解为信仰之光强烈。这条路线基于拉萨的建城顺序而设计：先有大昭寺，后有八廓街，再有拉萨城。以大昭寺为核心，八廓街及周围的寺庙如众星捧月，它们共同构筑起这座城市的精神高地。放慢脚步，3650米的海拔也不容许你心急火燎，追随着喃喃诵经的善男信女，在袅袅桑烟和酥油味的指引下，来一场寺庙巡礼，投入地"回到拉萨"。

全程约 4km

站在大昭寺广场上，你的起点也就是拉萨建城的起点。先去 ❶ **大昭寺** 参观，再来看看寺前广场上两块石碑：唐蕃会盟碑和劝人恤出痘碑，前者立于823年，纪念的是唐朝和吐蕃两度盟誓的历史事件，后者是清乾隆年间为普及接种牛痘、治疗天花而立。两块碑旁边一截枯萎的树根相传是当年文成公主种下的公主柳。

接下来，加入转经队伍，顺时针绕 ❷ **八廓街** 一圈后，回到大昭寺广场。先向西到丹杰林路，再钻入丹杰林巷，找到 ❸ **丹杰林寺**。之后绕回丹杰林路，去老光明岗琼甜茶馆歇歇脚。休息过后，穿过北京东路，直走，经安静的策门林寺穿到小昭寺路，看过 ❹ **小昭寺** 后，其隔壁是香火更甚的次巴拉康，供奉拉萨最大的无量寿佛，你应该能猜到寺庙的汉语名是：长寿寺。原路返回，去马路对面看一眼北方三怙主殿，左转进入北京东路，依次去 ❺ **下密院** 和木如寺，后者如今是印经院。

之后过马路，进吉日二巷直走到翁堆兴卡路，再向东走到幼儿园，旁边巷子里的黄色房子是嘎玛夏寺。这里曾是噶举派法王在拉萨的府邸，寺内主供独眼护法恰赤坚吉，留意殿内有根柱子上挂着一个大大的皮袋，据说专收人死后的灵魂。顺着巷子走到头，卓番林就位于左手边的古艺酒店内，这里有拉萨最棒的手工艺品。向南经拉萨清真大寺转到林廓南路，直奔终点 ❻ **仓姑寺**。

159

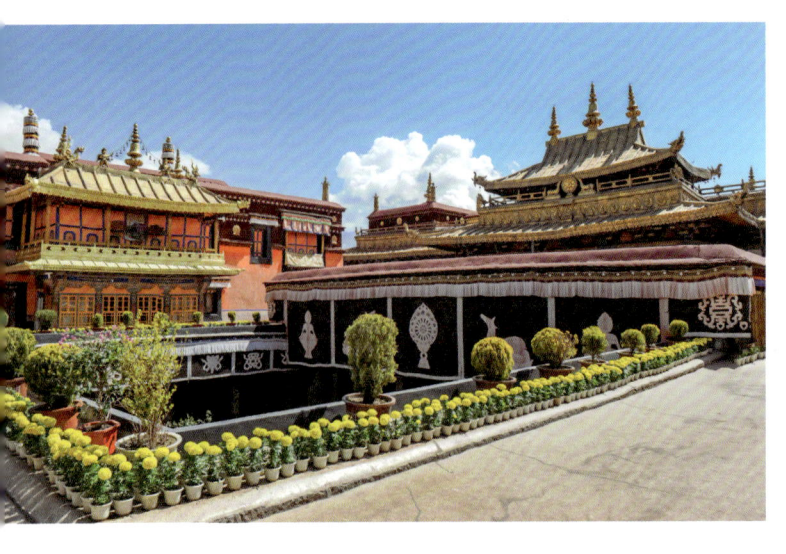

❷ 八廓街

"世上本没有路，转经的人多了，便有了八廓街"——大昭寺建成后，因朝圣者众多而催生了街市，久而久之变成了一条著名的转经道。每天，人们一手拨动念珠，一手转动经筒，或匍匐在地磕等身长头，顺时针绕着它，从天亮"旋转"到天黑。

八廓街长约1公里，沿途分布着不少朝圣点和景点。朗孜夏陈列馆过去是朗孜夏监狱，藏族传奇人物根敦群培

❶ 大昭寺

（85元，通过"大昭寺"小程序预约；8:30—18:30）拉萨的旧名"惹萨"，就是从大昭寺的初用名"惹萨曲朗祖拉康"衍生而来的。藏传佛教分宁玛派、噶当派、噶举派、萨迦派、格鲁派等，但大昭寺不属于任何教派，地位凌驾于所有寺庙之上。它是拉萨乃至全藏区的心脏，是信徒终其一生要前往朝圣的地方。过去，若有朝圣者死在路上，其他朝圣者便会带上死者的一颗牙齿继续前行，抵达大昭寺后，把牙齿嵌入大殿柱子中，就等于带他一起完成了朝圣。

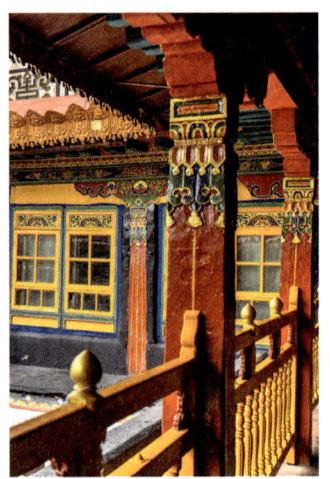

大昭寺之所以神圣，源于寺内供奉着一尊释迦牟尼十二岁等身像。每天早上寺内的朝圣者数量并不在游客之下，他们都是为了朝拜等身佛像而来。等身佛殿仅在上午开放，而且不规划在游客参观通道的路线内，但你可以加入行进缓慢的朝圣队伍，进殿绕拜。

NOTES

除了等身像，大昭寺的看点非常多，够写一本书。请一位正规向导很有必要，如果你没做任何功课，进去可能纯粹只是"添堵"。

③ 丹杰林寺

丹杰林寺曾位列西藏"四大林"（格鲁派四大活佛驻锡的四大寺院）之首，其建造者是西藏第一位摄政活佛——六世第穆活佛。第穆活佛在西藏历史上地位显赫，该世系先后有三位活佛担任摄政，并获封"呼图克图"名号。九世第穆活佛任摄政期间，被指密谋加害十三世达赖喇嘛，而被革除呼图克图封号，之后丹杰林寺由桑耶寺接管。

丹杰林寺最重要的供奉对象是紫玛护法，二楼大殿里手持酒杯的红脸塑像便是，每天都有朝圣者带酒前来，殿内也弥漫着浓郁的酒香。

就曾被关押在此，他的生平与作品可以去根敦群培纪念馆了解。监狱的露天刑场如今是安放八廓大经轮的玛尼拉康，斜对面是清政府驻藏大臣衙门。东南角甘丹柱附近，有一片带浮雕的东苏拉姆墙。东苏拉姆是吉祥天母（也叫白拉姆）的女儿，传说她因游手好闲被赶出家门，流落在此街角乞讨，所以人们路过会顺手向墙上撒一把糌粑，以示施舍。墙对面的黄房子就是因仓央嘉措走红的玛吉阿米。

城市探味

老光明岗琼甜茶馆

拉萨有几百家甜茶馆，但首选必须是它。这里专治"社恐"，进门只见乌泱泱的人，长条桌子长条板凳，认识的陌生的拼坐一桌，一起消磨时间。自己从消毒柜里拿个杯子，找空位坐下，没有扫码点单，只需放一块钱在桌上。服务员拎着铫子在堂内巡回穿梭，拿走一块钱，就会往空杯里倒茶，如需续杯就继续往桌上放钱。这里也有藏面、盖饭等，十块钱出头就能吃饱，这么有氛围又便宜的地方上哪儿找去？

尼泊尔雪莲餐厅

不去尼泊尔，也可以在拉萨尝到正宗的尼泊尔餐。玛莎拉鸡套餐就是尼泊尔的扁豆汤饭套餐、印度的塔利套餐，玛莎拉是一种口感辛辣的混合香料，流行于南亚。套餐总共八样东西，有肉有菜，有汤有甜品，主食可配楠（Naan）——一种比新疆馕薄一些的饼子。餐厅环境也不错，充满异域风情，又带着城里高级餐馆特有的贵气。

> 城市杂谈

两位公主与两尊等身像

7世纪时,松赞干布一统雪域高原后,迎娶了尼泊尔的尺尊公主和中原大唐的文成公主,两位公主的陪嫁品中都有一尊释迦牟尼等身像。随后,松赞干布分别为她们建造了大昭寺和小昭寺,两座寺庙大门的朝向正是两位公主故土的方向。

起初,大昭寺内供奉尺尊公主带来的释迦牟尼八岁等身像,小昭寺内供奉文成公主带来的释迦牟尼十二岁等身像。但当你走访完两座寺庙,会发现"事实"好像颠倒了。这是因为武则天曾欲索回十二岁等身像,西藏君臣就把等身像藏起来,又把大昭寺内的八岁等身像请至小昭寺作替换。待到唐蕃二度联姻,金城公主嫁到拉萨时,找出了藏在大昭寺南墙内的十二岁等身像,但并没有让他们各归各位,而是任其对调,一直保持至今。

❹ 小昭寺

(30元;8:30—16:00)尽管小昭寺的规模与人气都远不及大昭寺,但在历史上两座寺庙地位相当,它们几乎同时修建,修建目的一样,供奉的珍宝也是同级别的。1485年后,小昭寺还兼具学府功能,成为格鲁派的上密院所在——密法最高学府之一。一般来说,僧人要先在三大寺(色拉寺、甘丹寺、哲蚌寺)之一学习显宗并取得格西学位(相当于博士),才有资格进密院学习。

主殿后方的一个配殿内,供奉着释迦牟尼八岁等身像,与大昭寺的等身佛殿一样,只在上午开放。历史上,这尊等身像曾被破坏者锯为两半,一半在北京,一半在西藏,20世纪80年代找到后,进行重新组装,由十世班禅开光后重回小昭寺。

❺ 下密院

（9:00—17:00）与小昭寺内的上密院一样，下密院也是格鲁派密法的最高学府，"上""下"并非等级高下之别，仅相对地理位置而言。寺院由宗喀巴大师的弟子喜饶僧格创建，它的后殿比前殿高，这是拉萨古城内众寺庙中的特例，它还有两个有意思的看点。

一楼大殿内挂着很多黄布袋子，里面装的是僧钵。新僧入学时密院会发一个僧钵，学成毕业后，僧钵将接续给下一位新僧，当密院拒绝新生入学时，会以"本寺暂无闲钵"来婉拒。古时下密院鼎盛时有五百多位在寺学僧，至于现在有多少位，数数僧钵就知道了。

二楼配殿中有一尊绿度母石碑，它面前的贡品是一条条装满糌粑的白色圆柱布袋子，顶端放一个苹果，这是专为求学做的贡品。你会在主殿外的一间小屋里找到填糌粑的学子和望子成龙的父母。

❻ 仓姑寺

（40元；8:00—18:00）这是拉萨老城里唯一的尼姑寺，15世纪时由宗喀巴大师的弟子创建，也叫仓空尼院。仓空意为"地洞"，沿大殿左侧的小径走到头，就能找到地洞，里面供奉着一尊松赞干布像，因为松赞干布曾在洞穴里修行，这也是仓姑寺出名的由来。

但在今天，比寺庙本身更有名的是尼姑们经营的茶馆。在拉萨的茶馆中，这里是独一无二的存在，它不像其他茶馆那么嘈杂，甜茶与藏面未见有过人之处，但尼姑们一边诵经，一边煮茶、做面、做包子，修行、营业两不误，精神之感人，令人忍不住坐下捧个钱场。

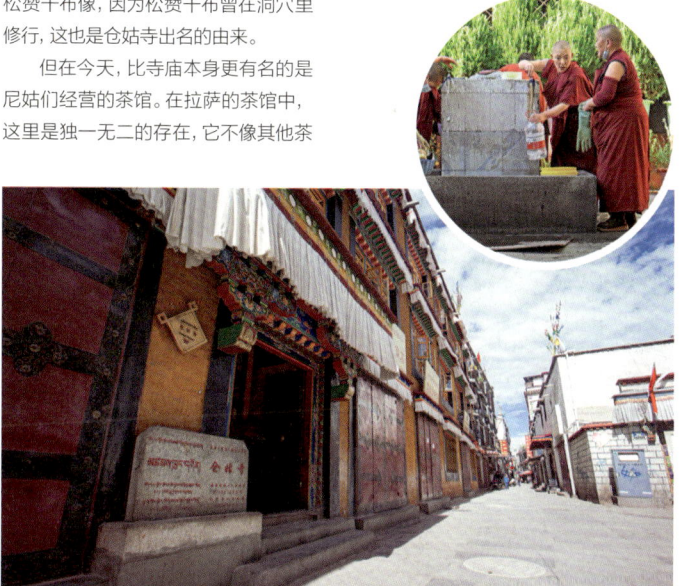

拉萨

163

1 昆明圆通寺的"圆通胜境"牌坊。
2 拉萨大昭寺门前的朝拜者。
3 蓝天映衬下的拉萨大昭寺。
4 秋日中的成都青羊宫。

4

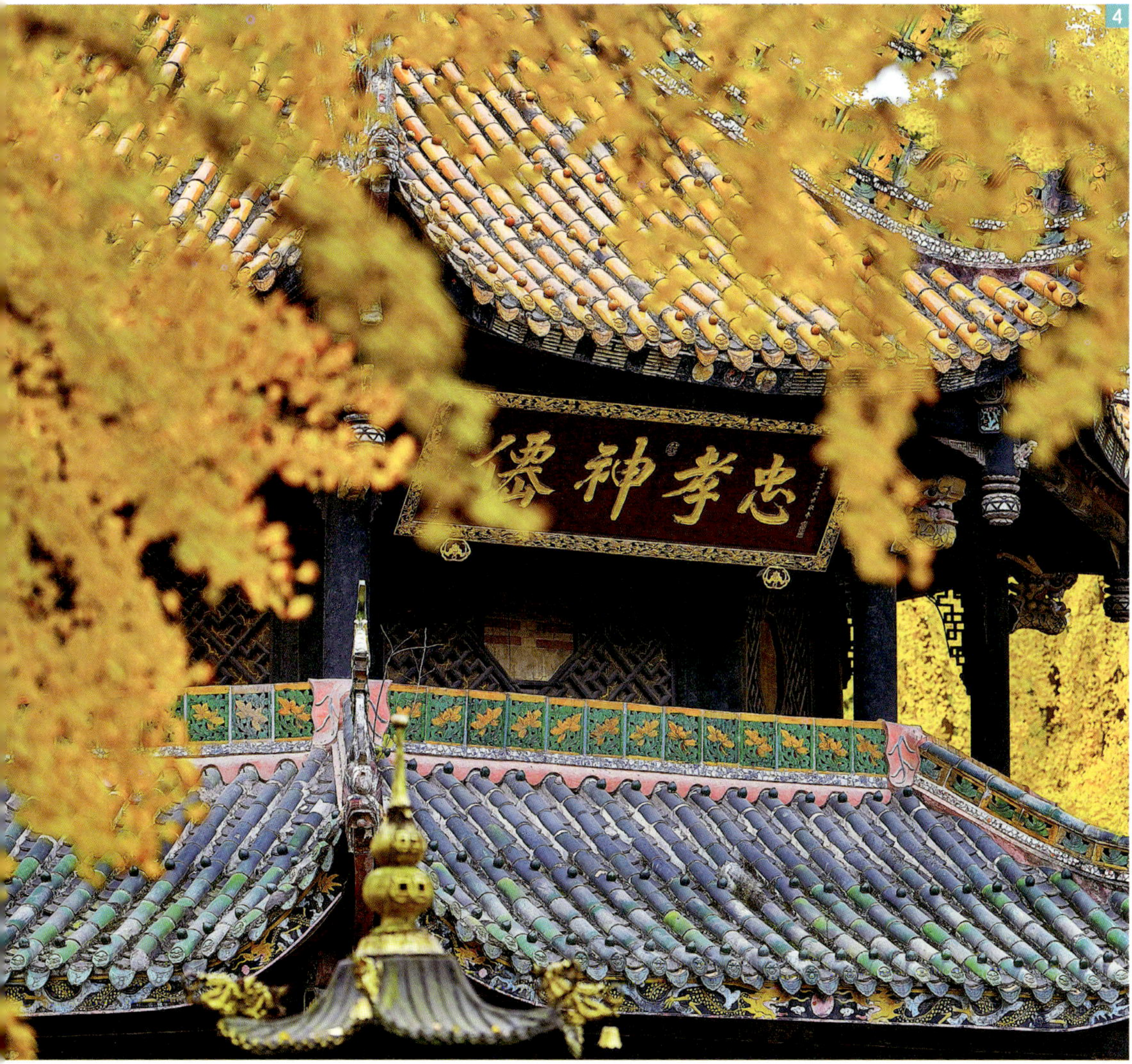

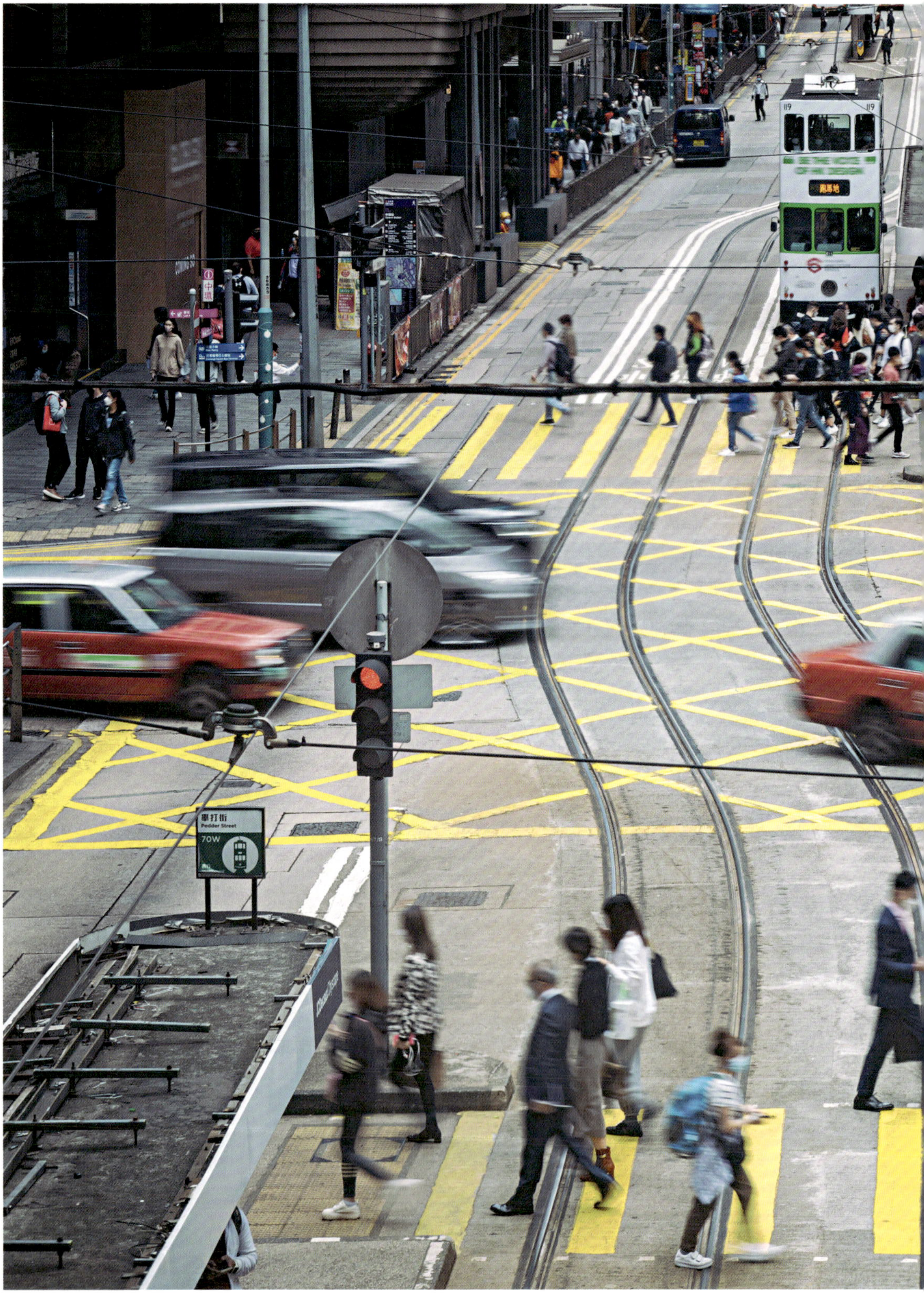
畢打街
Pedder Street
70W

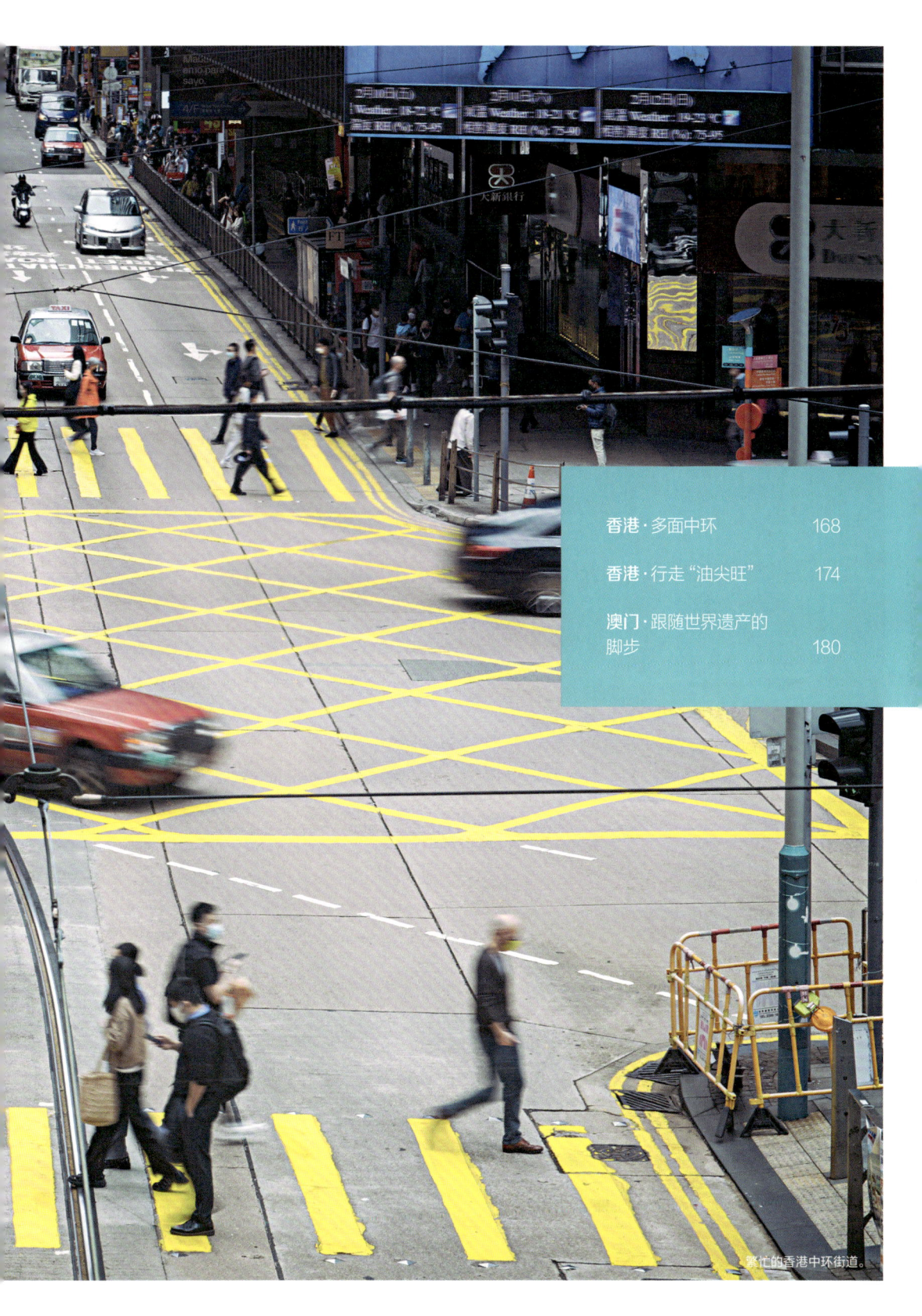

香港·多面中环	168
香港·行走"油尖旺"	174
澳门·跟随世界遗产的脚步	180

繁忙的香港中环街道。

香港

多面中环

　　说到中环，你的脑海中一定会出现那片气势非凡、直指云霄的摩天楼群，但穿过国际金融中心，你便走进了香港的日常生活百态，也走进一幕幕经典的港片镜头里。这片西方文化与传统香港文化的碰撞与交融之地，隐藏着丰富的故事和不容小觑的历史，当你搭乘叮叮车和半山电梯穿越古今，再坐上缆车直达太平山顶，你便会发现中环的多副面孔，摩登的、古旧的、浮华的、朴实的、富贵的、贫穷的、庸俗的、文艺的……这一切在此相生相伴，难解难分。

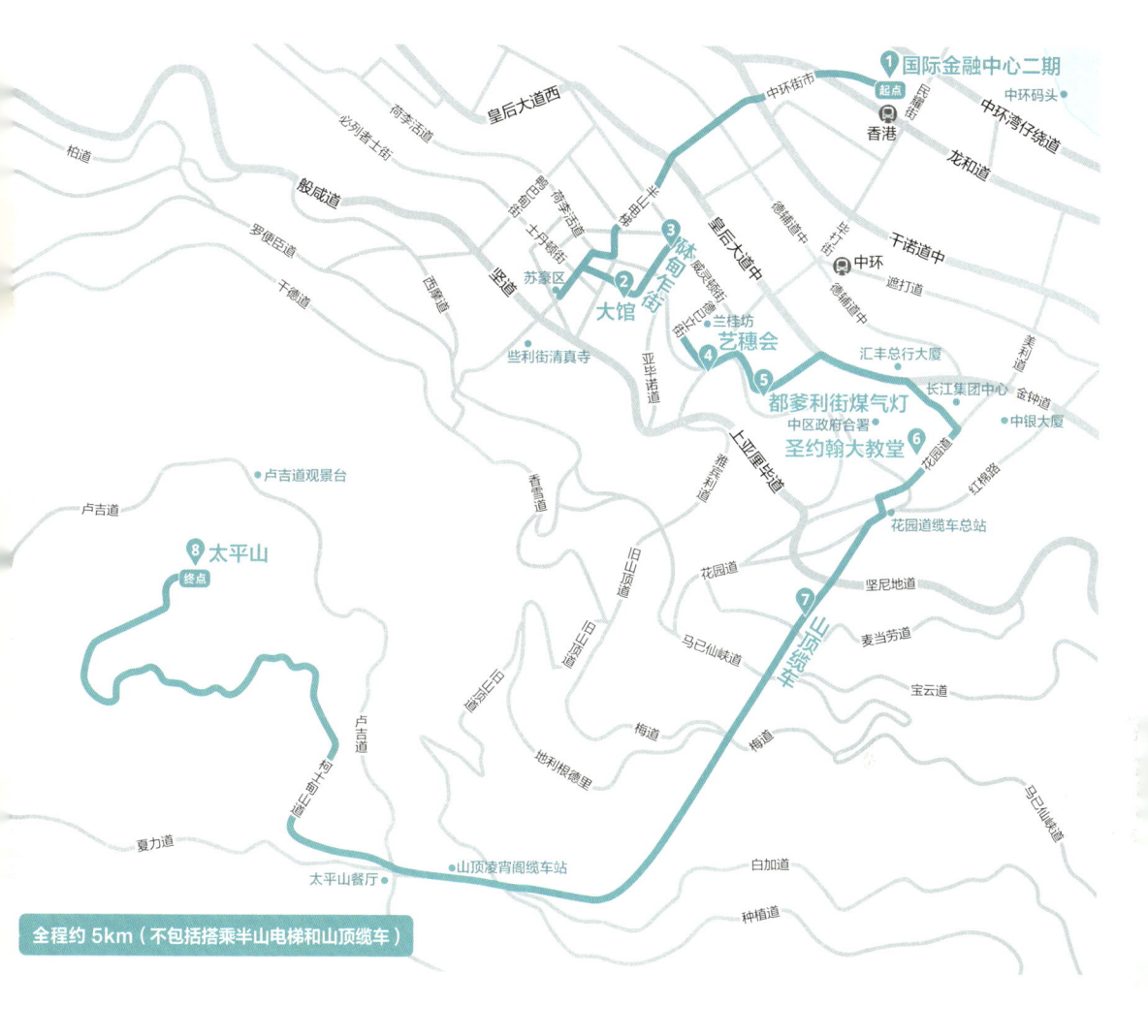

全程约 5km（不包括搭乘半山电梯和山顶缆车）

中环CBD密集的钢筋丛林撑起了"东方之珠"引以为傲的天际线，身临其中更能真切地感受到它强大的气场，身边行色匆匆的白领甚至让你也不自觉加快步伐。从天星小轮中环码头，或是地铁香港站A2口可直达线路起点——88层的 ❶ **国际金融中心二期**。

从连廊走到中环街市，再搭乘半山电梯来到 ❷ **大馆**。这片旧中区警署建筑群无论是建筑还是内涵，都值得你花上一两个小时细细参观。与大馆一街相隔的苏豪区美食汇聚，可以找家馆子小憩一下。之后回到大馆，沿 ❸ **砵甸乍街** 下山走一段，这条历史悠久的石板街是许多电影经典片段的拍摄地。

从威灵顿街转入"L"形的德己立街，就进入"越夜越精彩"的兰桂坊。傍晚时分的兰桂坊是白领下班后的休闲地，你可以来此感受香港中产的生活日常。德己立街尽头正对着主打视觉艺术展览和剧场表演的 ❹ **艺穗会**。在艺穗会前错综复杂的路口找到雪厂街，❺ **都爹利街煤气灯** 就在不远处。

继续向前走，在皇后大道中右转，右手是中区政府合署办公区，左边是汇丰总行大厦，李嘉诚的长江集团中心和中银大厦并列前方。转入花园道，经过香港最古老的教堂 ❻ **圣约翰大教堂**，就来到了花园道缆车总站，从这里乘 ❼ **山顶缆车** 登上 ❽ **太平山**，去欣赏无敌美景。

169

❶ 国际金融中心二期

这座415.8米高的摩天大厦是香港第二高楼。如果对香港金融发展的历史有兴趣，推荐前往55层的金管局资讯中心，你不仅可以在展览馆（免费，需出示有效身份证件；周一至周五10:00—18:00，周六至13:00，周日和节假日闭馆）中了解近200年来香港货币、金融和银行的发展历程，还能在落地窗前以近乎平视的角度欣赏中环CBD。

NOTES

大厦的楼下几层是大牌云集的高档商场，小心被激起的购物欲拖住脚步。

❷ 大馆

粤语中的警察局叫"差馆"，中区警署建筑群曾是香港最大的警察局，"大馆"因此得名。从19世纪中期至2006年的一个半世纪里，这里一直是警署、裁判司署和监狱的所在地，《英雄本色》《宝贝计划》等电影都曾在这里取景。经过10年"活化改造"，2018年，这片包围在摩天楼群中间的"神秘禁地"成了香港的文化和艺术新地标。

红砖墙、黑木窗、复古的陈设和殖民风格的建筑，让大馆充满浓郁的人文气息和艺术氛围。曾经的警察总部、营房、监狱等老楼现开辟了历史故事空间，让你能身临其境地了解各个建筑的功能和演变，比如看看自己是否符合香港机场的选拔标准，在身高标尺前举牌拍张犯人"定妆照"，或是旁听一场英式法庭庭审，感受一下监狱的铁窗生活。大馆内还有两座新建筑，其中赛马会艺方是专注于视觉艺术的大馆当代美术馆（11:00—19:00，周一闭馆），这里常有高水平展览展出，入口的螺旋楼梯是热门拍摄地。

NOTES

除了美术馆的部分展览需要购票，参观大馆是免费的。这里每天有多个包括粤语、普通话和英语在内的导览团，各场馆的开放时间以及活动安排均可以通过官方微信公众号"大馆 Tai Kwun"查询。

❸ 砵甸乍街

这条街道的名称音译于首任港督的姓氏"Pottinger",它由高低交错的大石板拼成,设计初衷是为了方便雨天排水——行人踩着凸起的石板行走,雨水则从下沉的石板处流走。之后这道景观形成了特别的意境,一度成为当地人拍婚纱照的重要外景地,《无间道》《花样年华》等电影也曾在这取景。如今的砵甸乍街是香港"一级历史建筑",依然保留着许多怀旧老店和铁皮屋,更不乏售卖小商品、二手书、玩具、廉价服装的铺头,弥漫着浓郁的"港味"。

城市探味

兰桂坊

想体验香港的夜生活就来兰桂坊吧,受西方文化影响,这里的每家酒吧傍晚都有几个小时的"欢乐时光"。如果想要真正"躁起来",那就21:00后再来。每逢大型中西节假日,这里常有狂欢活动举办,热闹至天明。

苏豪区

大馆附近以士丹顿街、伊利近街为中心的苏豪区(SoHo,又称荷南美食街)是新兴的美食地带,这里的餐厅汇集了全球口味,与兰桂坊相比,格调更高雅,酒吧更安静。

❹ 艺穗会

(参观免费,展览及演出信息和票价可查询小红书@香港艺穗会)在德己立街和云咸街路口,有座让人眼前一亮的红白相间的小砖楼——艺穗会。这处由旧牛奶公司的仓库改造而来的前卫艺术聚集地,常年有各种展览和小剧场演出,也是香港不少艺术会的举办地。

太平山顶

山顶的无敌景观旁也有丰俭由人的选择:凌霄阁的太平洋咖啡拥有"最经济"的一线美景;主打比萨的Wildfire餐厅占据了摩天台428正下方的宝地;位于历史建筑中的太平山餐厅(The Peak Lookout)主打西餐,室内外一流的浪漫氛围和绝美的海上夕阳弥补了没有一线维港美景的遗憾,许多香港人都选择在这里度过人生的重要时刻。

❺ 都爹利街煤气灯

在近150年历史的花岗岩阶梯的上下两端，各立着一对古典路灯，它们是全港仅存的4盏仍发挥街道照明功能的煤气路灯，已逾百岁高龄。在被自动开关取代前，煤气工人每天傍晚都会用长竿点火。煤气灯的黄光映照在优雅的阶梯上，正是经典港剧《喜剧之王》和《金枝玉叶》中的场景，连隔壁的星巴克都装修成了香港的冰室风格来应景。

❻ 圣约翰大教堂

别小看这座浅黄色的教堂，它建于1849年，不仅是香港现存最古老的西方教会建筑，还是香港唯一持有"永久业权"的土地。教堂融合了英国维多利亚风格和哥特式风格，里面的木质长椅和彩色玻璃花窗都精致异常。

据说1997年香港回归前，第一排座椅是港督和英国皇室专用的。留意教堂北侧的花窗，罕见的渔村与疍家渔妇形象是为纪念在香港周边海域遇难的渔民而设计的。

🔲 城市杂谈

行人交通的"世界之最"

全长超过800米、垂直高差135米的"中环至半山自动扶手电梯系统"，是20世纪80年代为了缓解半山区道路狭窄、方便居民往来中环商业区而修建的，属于香港的行人公共交通系统。18段自动扶梯从皇后大道中的中环街市出发，曲曲折折，断断续续，一直延伸到半山的干德道。扶梯在沿途路过的东西向街道基本都设有出入口，全程搭乘需要近半小时。不过电梯仅为单向运营，方向随上下班人流而改变——每天6:00—10:00向下行至中环，而10:00至午夜则上行至半山，要是来错了时间也没关系，与之平行的782级人行楼梯为你提供了靠脚力上下山的可能。

如今，这条全球最长的"户外有盖行人自动扶梯"也成了香港著名景点。不仅因《重庆森林》中王菲每天在窗口目送梁朝伟乘电梯上班的一幕在此上演，也因它提供了从中环CBD到平民居住区，再到半山豪宅区的跨越式景观。紧邻电梯还有一系列看点：中环街市、大馆，以及由旧式住宅区转型为世界美食和酒吧汇聚地的苏豪区……继续往上，170多岁的些利街清真寺静静矗立在街角，它也是香港的"一级历史建筑"之一。

❼ 山顶缆车

要前往太平山顶，1888年开通的山顶缆车绝对是最经典的交通工具。整条轨道由钢索拖行，将缆车在1.4公里的距离内提升368米。心理学家曾有结论，坐在车内会产生建筑物向后倾斜的错觉，不妨验证一下。

花园道缆车总站是位于山脚的上行站起始点。乘缆车前，可先在入口处的山顶缆车历史珍藏馆了解其发展历程。上车后选择右侧落座，后半程便可抢先欣赏维港美景，终点就是凌霄阁。当然，你也可以沿着与轨道平行的缆车径步行上山，入口在花园道缆车总站左侧停车场的左前方，累了在中途站刷八达通上车即可。

NOTES

若想在山顶把日景和夜景一次看全，下午5点后上山最合适，缆车上行和下行的末班车均为23:00，错过也可乘巴士下山。

❽ 太平山

太平山有着饱览维港的广阔视野，也有着领衔全港的惊人房价。山间的林野中住着富豪和明星，而山顶的一小片区域属于聚集的游客。

凌霄阁本身就有几处看点：站在位于顶层、海拔428米的摩天台428（75港币），可以将从"海上仙山"般的座座离岛到高楼林立的维多利亚港等一系列美景尽收眼底；而在P1层的杜莎夫人蜡像馆（290港币），100位形态逼真的名人（以内地和港台明星为主）在此等待与你面对面。

凌霄阁旁边，绕着山顶铺设的卢吉道同样是观景的好地方，但免费的代价是要费点脚力。沿路前行，观赏中环和维多利亚港的角度在1公里处的卢吉道观景台达到完美。你可以从这里返回，也可以继续前行进入夏力道，沿这条全长3.5公里的步道绕山顶一周。

不过想抵达真正的太平山顶，还需从凌霄阁沿着柯士甸山道继续往上攀爬，约半小时后，才到达海拔552米的"真山顶"。这座白色方形凉亭曾是旧时的港督别墅所在地，四面视野开阔。稍稍往下是精心打理的山顶大花园，而那座高耸的无线电发射塔就是全港岛的制高点。

香港

行走"油尖旺"

　　占据九龙西南端，与港岛隔海相望的"油尖旺区"——油麻地、尖沙咀和旺角，是九龙最热闹、最混搭的前沿地带。当尖沙咀的高档商场和豪华酒店在维港和弥敦道延伸，来自百余个国家的人却在重庆大厦火柴盒般的空间里打造了一个"地球村"。听到"油麻地""旺角"，有人就会联想到黑社会、古惑仔，如今黑帮大佬们已难寻踪影，留下的只有这片最真实的"平民江湖"。离开车水马龙的弥敦道，走进周边的街巷中，在密密麻麻的霓虹街灯下，在摩肩接踵的人群中，在大排档升腾的锅气里，细细品味香港的市井气。

全程约 4km

走出油麻地地铁站B2出口，过到窝打老道对面，可以先转入上海街看一眼建于1895年的红砖屋，然后来到新填地街，香港历史建筑 ❶ **油麻地果栏**和**油麻地戏院**在街口的两侧屹立了百年。别看果栏外观有些破败，里面却汇集了来自世界各地的高档水果，不买也可以看个新鲜。往南跨过两个街区，就是大幅电影广告牌下备受影迷和文青追捧的 ❷ **百老汇电影中心**，可以坐下看场小众文艺电影，或是淘淘无所不有的电影周边。

位于广东道路口的 ❸ **前油麻地警署**，堪称香港警匪片的大本营。沿众坊街向东，逛逛 ❹ **天后庙**，然后便可以前往与《古惑仔》等黑帮电影难解难分的大名鼎鼎的 ❹ **庙街**。白天过来氛围可能差点意思，但可以错峰打卡网红餐厅和街边小吃，再感受一下白天与黑夜的鲜明对比。之后在 ❺ **九龙公园**的参天绿树和鸟语花香中放松一下，到白色的旧军营中看个展。

走出九龙公园的森林，就该步入"重庆森林"了。虽然关于 ❻ **重庆大厦**的评价褒贬不一，但不妨站在文化体验而不是猎奇冒险的角度进去参观一番。最后，沿着弥敦道来到海边的 ❼ **尖沙咀海滨长廊**，打卡星光大道，参观文化场馆，欣赏维港景色。

175

❶ 油麻地果栏和油麻地戏院

即使不买水果，也可以来这处有110多年历史的市场开开眼界。它的外观复古又残破，散发着淡淡的江湖气息——据说这里早期确实上演过不少群殴事件，是香港黑社会竞相争夺的"领地"。

果栏的内在与外观形成鲜明对比，这里以销售进口水果为主，尤其以日本高端水果为多。它的交易高峰实际在凌晨3:00—6:00，250多家水果批发商在这里竞购，风风火火地转运货品。果栏在天亮之后进入零售时段，场地内也变得云淡风轻。

一街相隔，始建于1930年的油麻地戏院也有一段轶事。它曾深得男人的偷偷喜爱——戏院自1985年起专门播放成人电影，更首创一张戏票看全日的"连环场"。1998年结业后，这里活化为粤剧表演中心开放。但现在再次进行改扩建，要2026年才会重开。

❷ 百老汇电影中心

百老汇大概是油麻地乃至全港最具文艺气息的地方了。不同于普通商业影院，它由于经常上映精心挑选的非主流影片和文艺片，举办电影节、影展和影迷活动，又被称为"艺术电影院"。一层的影视商店里，除了各种DVD、原生带和电影海报等电影周边产品，还收藏了许多欧美非主流电影和默片，但最丰富的要数各个年代的港片。

同在一层的Kubrick书店和咖啡馆（11:30—22:00）也是香港著名的多元文化集散地，一侧是层层叠叠的电影、艺术和文化类书籍，另一侧是气氛悠闲的咖啡厅，常有艺术沙龙或小型音乐会举办。

NOTES

在影院官网（bc.cinema.com.hk/zh）可查询在映影片和各种活动。

❸ 前油麻地警署

作为TVB警匪片的"定点单位"，曾经的油麻地警署成就了《无间道》《古惑仔》《黑社会》《陀枪师姐》《谈判专家》等影片中的无数经典镜头。它建成于1893年，是座三层的爱德华式建筑。2016年5月，服务了123年的警署作为"九龙服役最久警署"退役，但外观和"油麻地警署"的标牌保留了下来，成了港片粉丝的朝圣地。

❹ 天后庙和庙街

庙街如同油麻地的脊椎，撑起了整个街区的灵魂。它因街中的天后庙得名——九龙最大的天后庙始建于1865年，渔民出海前都会来此祈福保平安，如今庙前的石狮和里面的铜钟仍是清朝古物。

长长的庙街以天后庙为界分为南北两段，每天下午四五点，几百个摊位在这里陆陆续续地"支棱起来"，入夜之后更如打通了任督二脉。灯火通明的街道除了售卖服饰和小商品的档口、人气十足的大排档、粤曲票友的即兴演出，还有路边卡拉OK、占星算命档、麻雀馆——一座活力四射的"平民夜总会"跃然眼前。

🏠 城市探味

庙街夜市

在庙街吃煲仔饭，名气最大就是兴记菜馆和四季煲仔饭，不想排队的话最好下午6:00之前去。点餐的秘诀是越传统、越简单的越好，比如腊味、滑鸡或牛肉煲仔饭。

广东人讲究在秋冬吃腊味和蛇羹进补，庙街的蛇王新和附近的蛇王弟虽然都是不起眼的小铺头，但一碗生炒腊味糯米饭配一碗热气腾腾的五蛇羹，足以满足你的胃口。

天后庙附近的美都餐室还保留着20世纪五六十年代的装潢，也是港片中的常客，不过晋升为网红后，餐品味道和服务态度都不太稳定。

海防道临时街市

如果想在尖沙咀吃顿地道又便宜的港式快餐，这个"临时"了近40年的市场里面满是茶餐厅、烧腊饭、炒牛河等食铺，人均50—100港元就能吃好吃饱，但能接受电子支付的不多，建议带些现金前往。

城市杂谈

"油尖旺"之旺角

从油麻地站往北几个街区就是旺角，2023年，这里以每平方公里13万人的人口密度登上了吉尼斯世界纪录的榜首。对很多香港人来说，旺角留存着他们的人生记忆，洗衣街、通菜街、豉油街、西洋菜街……连街名都充满市井气息。香港音乐人恭硕良曾夸张地说："在旺角行走，唔知几时身上就被飞到口水，但我中意。"

旺角没有什么著名景点，但同为香港著名商业区，如果尖沙咀和铜锣湾是时髦和高端的代表作，旺角就是香港平民的购物天堂——花墟道和园艺街沿途排满了大大小小的花店；园圃街雀鸟花园的中式花园建筑里，是售卖鸟类、鸟笼的"雀仔街"；通菜街以亚皆老街为界分为两段，北段是除了卖鱼还卖爬宠的"金鱼街"，南段则是以廉价衣物和饰品出名的"女人街"；与女人街平行的花园街是"波鞋街"，有超过50间卖运动鞋和运动用品的店铺聚集在此。不能忽略的还有密密麻麻的"楼上店"——当地人把书店、户外用品店、饭店、发廊、咖啡厅等店铺开在临街大厦的上层，由于租金负担较轻，且客人大多是"熟门熟路"的本地人，价格往往也比临街店铺更低。如果你不是"时间紧，任务重"的血拼一族，不妨上楼探一探这些朴素却别有洞天的楼上店铺，以西洋菜南街最为集中。

❺ 九龙公园

这片高楼环绕的城市绿地既有颜值，又有内涵。绿树参天的热带花园藏着20多处看点，有由堡垒和炮台改成的历奇乐园，也有豢养着数十只火烈鸟的百鸟园。林间两座非常上镜的白色西式建筑，是由始建于1910年的英军旧营房改建而成的香港文物探知馆（免费），介绍和展示了香港的历史建筑、法定古迹和考古文物等。正如其名，许多环节需要动手或通过AR设备去探知，极具趣味性和参与感。

❻ 重庆大厦

2007年5月出版的美国《时代》杂志发表了一份名为"亚洲之最"（The Best of Asia）的评选，重庆大厦被评为"亚洲最能体现全球一体化的地方"。这座17层的大厦里，聚居了超过120个国家的人，其中大多是来自东南亚、南亚和非洲的移民。

只要进入大厦，就立刻穿越到《重庆森林》的时空。一层密集分布着小吃快餐档、换汇所以及售卖电子产品和各类杂货的铺子，这里的印度风味快餐和小吃蛮正宗。楼上则聚集着大量廉价宾馆、商店和出租屋。虽然感觉拥挤不堪、鱼龙混杂，但也是体验当地文化的好去处。若想深入一些，还可以搭电梯到上面任一层，沿着楼梯一路下行，看看楼层间密密麻麻的小旅社。

NOTES

虽然现在楼里装了200多个摄像头，还配备了24小时的保安，但夜晚上楼最好有人同行。

❼ 尖沙咀海滨长廊

在尖沙咀的陆地尽头，长约1公里的海滨步道将维多利亚港和对面中环CBD的风景毫不吝惜地展示在你眼前。长廊本身也分布了多个重要景点：从东往西，依次可以参观展示香港杰出电影人手印和名字的星光大道，收藏了大量18—19世纪珠三角风景绘画和艺术品的香港艺术馆，适合带孩子进行科普教育的香港太空馆（10港元，周三免费，周二闭馆），以音乐会、话剧等演出为主的香港文化中心，以及有百年历史的前九广铁路钟楼。要想看展或看演出，可通过各场馆官网查询节目安排。

NOTES

每晚20:00—20:10，维多利亚港的《幻彩咏香江》灯光秀，会给你带来一场缤纷绚烂的视觉盛宴。海滨花园沿线和天星小轮都是不错的观景点。

澳门

跟随世界遗产的脚步

说起澳门，旅行者习惯将目光投向纸醉金迷的酒店度假区，又或被"世界最大赌城"这一名号吸引，而常常忽略这片土地上的历史文化。但就在这 33.3 平方公里的城市里，竟有 30 个世界遗产保护点。它们共同组成的"澳门历史城区"项目，于 2005 年 7 月 15 日成为中国第 31 处世界遗产。想一口气在最短时间内饱览尽可能多的世遗建筑，用一天时间串联起澳门的"那些年那些事儿"，这条线路是你的优选。

可以从望德堂区的疯堂斜巷出发，它得名于一座昔日的麻风病院，如今颇具文艺范。留意小巷中黄、白、红三色交织的婆仔屋，充满葡式风情。之后沿美珊枝街前往大炮台打卡，与大炮台隔大三巴斜巷相望的就是最著名的 **❶ 大三巴牌坊**，位于牌坊西北方的一段旧城墙和一座两进式的小巧哪吒庙也是"世遗"经典之一。从这里沿花王堂街前行可以去圣安多尼教堂看看。之后原路返回，走上大三巴街，去看澳门的代表性景点之一 **❷ 玫瑰圣母堂**，以及斜对面的卢家大屋。沿大堂斜巷向南会路过大堂前地，之后向西跨过一个街区就是"喷水池" **❸ 议事亭前地**，沿途可以游览同属历史建筑群的圣母诞辰主教座堂，以及仁慈堂大楼、民政总署大楼等建筑。

稍作休息后，沿东方斜巷前往 **❹ 岗顶前地**，将圣若瑟修院及圣堂、岗顶剧院、何东图书馆与圣奥斯定教堂一网打尽。沿高楼街朝西南方走，会依次经过 **❺ 圣老楞佐教堂** 和 **❻ 郑家大屋**。此后，妈阁街和妈阁斜巷会把你带往位于妈阁山西面山腰上的最后一站——**❼ 妈阁庙**，沿途还可以欣赏一下原为摩尔兵营的港务局大楼外观。

181

❶ 大三巴牌坊

（免费；9:00—18:00）西洋的风隔海吹来澳门，率先留下的便是宗教信仰的种子，而圣保禄教堂就是其中最具代表性的一处建筑。因葡语"圣保禄"的发音与粤语中的"三巴"相似，这里也被称作"大三巴教堂"。经历了两次火灾的圣保禄教堂于1602年重建，除了拉丁字母和中文汉字，代表了中国的龙图腾也与天使等异国形象一同出现，在中国的第一座欧洲巴洛克风格教堂上，中西方文明和谐共存。

1835年教堂再次失火，仅留下前壁、大部分地基和石阶，也就是如今的大三巴牌坊。牌坊由花岗石建成，上下分为五层，各具特色：第一层的爱奥尼柱式与第二层的科林斯柱式不尽相同，第三层设有圣母壁龛和各色浮雕，第四层为耶稣圣龛，第五层则浮现出一只展翅铜鸽。

❷ 玫瑰圣母堂

（免费；10:00—18:00）建于1587年的玫瑰圣母堂是中国第一所道明会教堂，也称"板樟庙"，因供奉玫瑰圣母而得名，如今每逢5月13日仍会举行圣母圣像巡游。除了经典的黄绿配色外，教堂采用巴洛克风格，典雅大方，结构对称，主祭坛内部装饰豪华，中厅宽敞明亮，两侧有圣龛，唱诗席挑廊环绕。另用带有南方特色的百叶窗代替了传统的玻璃窗，一来通风，二来为教堂增添光亮。

城市探味

福隆新街

"老街新貌"说的就是福隆新街。百年前,这里曾是黄赌毒俱全的花街柳巷,时过境迁,昔日的"青楼街"早已"从良",沿街的白墙红窗下,皆做起了正经的食肆买卖。要品尝葡国菜和土生菜可以试试福龙葡国餐厅的海鲜烩饭和葡国鸡,祥记面家的招牌干捞虾子面也很推荐,而冠环球的肉干和龙凤饼家的杏仁饼可以作为手信带回家。不得不提的是,这条街的招牌菜是鱼翅,但我们不推荐食用这道菜品。

玛嘉烈

葡式蛋挞可谓是澳门必吃榜上的常年霸榜选手。要吃到最为香滑可口的葡挞,首选就是安德鲁和玛嘉烈。这两家蛋挞店据说是因为夫妇离婚而分家的,玛嘉烈距离议事亭前地只有5分钟路程,推荐顺路品尝。这里的蛋挞充分展示了什么是"外酥里嫩",且改良后更符合大湾区对甜品"不要太甜"的需求。

❸ 议事亭前地

议事亭前地是澳门市中心的标志性广场,广场中央有一座20世纪70年代建的喷水池,当地人便以此为名称呼此地。因位置优势,自开埠以来,这里一直是澳门重要的节庆活动场所。如今,广场地面上仍是1993年铺就的波浪形黑白色碎石地面,与周围的古典建筑相得益彰——建于19世纪末20世纪初的邮政局大楼、亚洲最古老的慈善福利设施仁慈堂大楼(10:00—13:00,14:30—17:30,周一及节假日休馆),以及民政总署大楼都在其中。民政总署大楼(现市政署大楼;9:00—21:00,画廊除外)前身为建于1784年的市政厅,如今的文艺复兴简约风格主立面是1874年重修的。其外表极具南欧建筑艺术特色,里面的部分墙壁也是自墙脚到腰部都贴着蓝白相间的瓷砖,尽显葡式风格。

澳门　　　　　　　　　　　　　　　　　　　　183

城市杂谈

数不清的"前地"

在澳门，走两步就能遇到的"前地"到底是什么意思？顾名思义，"前地"就是指"前面的空地"，译自葡语"largo"，是独属于澳门城市发展过程中出现的一种特殊公共空间类型。说白了，其实就是一处小广场，但由于人们常在一些空地上举办露天集市，而葡萄牙人又常用教堂前的小空地进行宗教活动，久而久之，这些建筑之间的小空地就变成了城市中重要的活动中心。

澳门有7处前地被列为世界遗产，分别是妈阁庙前地、亚婆井前地、岗顶前地、议事亭前地、大堂前地、板樟堂前地和白鸽巢前地，另有一处耶稣会纪念广场也可以算进前地的范畴。如今，"前地"堪称澳门的城市名片，它们集娱乐休闲、商旅服务和节庆文化等功能于一身，加之其装饰与周围建筑和谐相映，一些城市公共空间的美学理念也在此诞生。

❹ 岗顶前地

古称"磨盘山"的岗顶前地在经过修缮后，同样铺上了葡萄牙风格的碎石花纹地面，绿色的街灯和绿色的百叶窗相互呼应，弥漫着浓郁的欧陆情调。来往游客喜欢在这里的林荫中躲太阳，但其实层层树木后还掩藏着四座著名历史建筑：

新古典希腊复兴风格的岗顶剧院（10:00—18:00，周二不开放）建于1860年，原名伯多禄五世剧院，是中国第一所西式剧院，它有着淡绿色的外墙，配以鲜明的红色屋瓦。屋顶同为红色的何东图书馆（周一14:00—20:00，周二至周日8:00—20:00）通体黄色，开阔的前庭和后园使这处书香之地颇有闲趣。另两处是圣奥斯定教堂（10:00—18:00）和圣若瑟修院及圣堂（圣堂10:00—17:00，修院不开放），它们隔广场相望，各有风韵。

❺ 圣老楞佐教堂

（周一至周五7:00—18:00，周六至周日7:00—21:00）澳门三大古教堂之一的圣老楞佐教堂草木环绕，建筑平面呈拉丁十字形，中厅木制拱顶下悬挂着华丽的吊灯，彩绘玻璃讲述了圣经故事。圣老楞佐相当于中国的海神，曾经葡籍水手的家人常齐集在圣堂前的石梯间，静候出海之人平安归来。

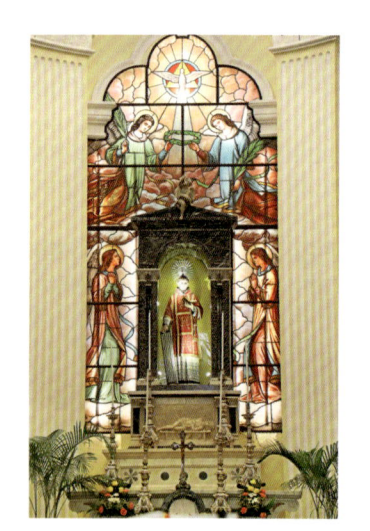

这座教堂也被称为"风顺堂"，祈求"风调雨顺"正是澳门人心之所向。久而久之，它所在的街道也被命名为"风顺堂街"。

❻ 郑家大屋

（免费；10:00—18:00，除公众假期外周三休馆）写下《盛世危言》的中国近代思想家郑观应，曾经就居住在这座岭南风格大宅中。宅子由其父郑文瑞筹建，占地约4000平方米。从大门进入，穿过下人房和花园，就来到了两座两进深三开间式的四合院——余庆堂、积善堂，其正厅皆设在二楼。装饰用的泥塑浮雕、筑楼用的青砖黑瓦，还有屋内的梁架结构皆是中式风格；而以红色勾勒的门窗、室内天花板等则颇具西方气韵。

❼ 妈阁庙

（免费；8:00—18:00）盛行于东南沿海的妈祖崇拜，一路南行到了澳门，虽然澳门妈阁庙的创建年份至今仍有争议，但无人怀疑澳门人百年来对妈祖的敬仰之心。妈阁庙早期称娘妈庙、天妃庙或海觉寺，寺庙群包括"神山第一"殿、正觉禅林、弘仁殿、观音阁等建筑，其中"神山第一"殿还是澳门现存最古老的庙堂建筑之一。整座寺院皆以青砖、花岗石为主要建筑材料，房屋错落有致，红色的外墙加上绿色的琉璃瓦，与青山绿树和谐共融。妈阁庙前的一片小广场是妈阁庙前地，这里铺设的葡式碎石砖以土红和深灰两种颜色为主，与寺院｜分相称。

1 香港维多利亚港的夜景。
2 街道尽头的澳门圣保罗大教堂。
3 诱人的澳门蛋挞。
4 香港中环中银大厦。

作者 | 幕后

何望若

自由撰稿人，Lonely Planet中文作者。撰写过《福建》《西藏》《新疆》《四川》《苏州》等40多本孤独星球旅行指南和旅行读物、线上攻略等，为《地道风物》《旅行家》等杂志和星行客、澎湃新闻等公众号撰稿。旅行是她的生活方式，而走路是她最喜欢的旅行方式，从城市到山野，依靠双腿是观察世界最自在也最可靠的途径，相对于城市观光，她更愿意走入当地人的生活和故事里，在行走中看看城市的雅俗两面，了解独特的风土人情，也撞见鲜少被宣传的隐秘角落。

何苗苗

自由撰稿人，自由背包客。自2014年起为Lonely Planet中文版及其他旅行读物撰稿，足迹遍及全国各省，也踏访了全球90多个国家。她热衷于通过citywalk探索城市，在走走停停中邂逅地图上无法标记的人情故事，捕捉稍纵即逝的精彩瞬间，也让一路美食不停口的愧疚感悄然化解。如今，她依旧行走于世界的各个角落，用脚步丈量风景，用文字和镜头记录情感和故事。

吴雨杏

平日里拥有美好精神状态的当代青年，唯爱躺平、发呆、跟朋友贴贴，自打被朋友"遗忘"在异国他乡的机场，被迫踏上了一个人的旅途后，独行探索城市的心便一发不可收拾。她认为城市探索是citywalk在中文语境中的对应词汇，怀着一颗好奇的心，享受所见、所闻、所感带来的乐趣是顶顶要紧的事。当然，吃也是万万不能落下的。致力于将余下的活力都用在旅途上，一人一背包，走街串巷，不亦乐乎，自此"平生事，南北西东"。

星行客 PLANET SEEKER

星行客 PlanetSeeker 是中国地图出版社旗下旅行·生活·文化品牌，拥有雄厚的旅行内容资源和权威的地图编制经验。我们致力于记录当下新鲜、特别的生活方式，推广积极乐观的生活态度，分享花样百出的旅行方式。

策　　划：	于佳宁　苏晓
责任编辑：	于佳宁
视觉设计：	李小棠　虞桢珍
撰　　稿：	何望若　何苗苗　吴雨杏
图　　片：	视觉中国　何望若　于佳宁 陈诗阳　张娴
编　　辑：	李潇楠　叶思婧　喻乐 李偲涵
审　　订：	朱萌
地图编辑：	刘红艳
地图制作：	张晓棠
责任印制：	苑志强